SIMPLES
INTELIGÊNCIA ARTIFICIAL

GLOBOLIVROS

DK LONDRES
Editor Sênior Chauney Dunford
Designer Sênior Mark Cavanagh
Editores Daniel Bryne, Elizabeth Dowsett, Steve Setford, Alison Sturgeon, Andrew Szudek
Editor-Chefe Gareth Jones
Editor de Arte-Chefe Sênior Lee Griffiths
Editor de Produção Robert Dunn
Controlador de Produção Sênior Rachel Ng
Chefe de Desenvolvimento de Design de Capa Sophia M.T.T.
Designer de Capa Akiko Kato
Diretor Editorial Associado Liz Wheeler
Diretor de Arte Karen Self
Diretor Editorial Jonathan Metcalf

GLOBOLIVROS
Editor responsável Lucas de Sena
Assistente editorial Renan Castro
Tradução Regiane Winarski
Preparação Fernanda Marão
Diagramação Crayon Editorial
Revisão Vanessa Raposo
Revisão Técnica Bruno Garattoni

Publicado originalmente nos Estados Unidos em 2021 por Dorling Kindersley Limited, 80 Strand, London, WC2R 0RL.

Copyright © 2023, Dorling Kindersley Limited, parte da Penguin Random House
Copyright © 2023, Editora Globo S/A

Todos os direitos reservados. Nenhuma parte desta edição pode ser utilizada ou reproduzida – em qualquer meio ou forma, seja mecânico ou eletrônico, fotocópia, gravação etc. – nem apropriada ou estocada em sistema de banco de dados sem a expressa autorização da editora.

1ª edição, 2023.
Impresso na BMF em agosto de 2023.

CIP-BRASIL. CATALOGAÇÃO NA PUBLICAÇÃO
SINDICATO NACIONAL DOS EDITORES DE LIVROS, RJ

S621

Simples : inteligência artificial / consultora Hilary Lamb ; consultor editorial Joel Levy ; colaboradora Claire Quigley ; tradução Regiane Winarski. - 1. ed. - Rio de Janeiro : Globo Livros, 2023.
160 p. (Simples)

Tradução de: Simply : artificial intelligence
Inclui índice
ISBN 978-65-5987-127-8

1. Inteligência artificial. I. Lamb, Hilary. II. Levy, Joel. III. Quigley, Claire. IV. Winarski, Regiane. V. Série.

23-84799   CDD: 006.3
                          CDU: 004.8

Meri Gleice Rodrigues de Souza - Bibliotecária - CRB-7/6439

For the curious
www.dk.com

CONSULTORA
Hilary Lamb é jornalista, editora e autora premiada que escreve sobre ciência e tecnologia. Ela estudou Física na University of Bristol e Comunicação Social na Imperial College of London antes de trabalhar cinco anos como repórter de revista. Ela colaborou em outros títulos da DK, incluindo *How Technology Works*, *The Physics Book* e *Simply Quantum Physics*.

CONSULTOR EDITORIAL
Joel Levy é escritor especializado em ciência e história da ciência. Sua escrita explora tanto a ciência convencional quanto a tecnologia exótica. Ele é o autor de livros como *The Infinite Tortoise: The Curious Thought Experiments of History's Great Thinkers*, *Gothic Science: The Era of Ingenuity and the Making of Frankenstein* e *Reality Ahead of Schedule: How Science Fiction Inspires Science Fact*.

COLABORADORA
Dra. Claire Quigley é cientista da computação e já trabalhou para as universidades de Cambridge e Glasgow. Ela contribuiu com a criação de atividades de codificação para a BBC e a Virgin Media e colaborou em vários títulos da DK, entre eles *Help Your Kids with Computer Science*, *Computer Coding Python Games for Kids* e *Computer Coding Python Projects for Kids*.

SUMÁRIO

7 **INTRODUÇÃO**

HISTÓRIA DA INTELIGÊNCIA ARTIFICIAL

10 **IMITAÇÃO DA VIDA**
Autômatos

11 **DEFININDO INTELIGÊNCIA**
Múltiplas inteligências

12 **PENSAR = COMPUTAR**
Computacionalismo

13 **ZEROS E UNS**
Código binário

14 **PASSO A PASSO**
Algoritmos

15 **ALGORITMOS EM AÇÃO**
Computação

16 **INSTRUINDO COMPUTADORES**
Programas

17 **OS PRIMEIROS COMPUTADORES MECÂNICOS**
Máquinas de Babbage

18 **APENAS NO PAPEL**
Máquina universal de Turing

20 **CÉREBRO ELÉTRICO**
Neurônios e computação

21 **NEURÔNIOS ARTIFICIAIS**
Unidades lógicas de limiar

22 **UM COMPUTADOR PROGRAMÁVEL**
ENIAC

23 **UM PROGRAMA TEÓRICO**
Turochamp

24 **UM DIAGRAMA COMPUTACIONAL**
Arquitetura de von Neumann

26 **DOIS TIPOS DE IA**
IA fraca e forte

27 **IA EM AÇÃO**
Agentes inteligentes

28 **TENTATIVA E ERRO**
Aprendendo a aprender

29 **CÉREBRO IMITADO**
Conexionismo

30 **MODELOS DE IA**
IA clássica X IA estatística

31 **PODER COMPUTACIONAL**
Lei de Moore

32 **INFORMAÇÃO BRUTA**
Tipos de dados

33 **TUDO EM TODO LUGAR AO MESMO TEMPO**
Big data

INTELIGÊNCIA ARTIFICIAL CLÁSSICA

36 **REPRESENTANDO DADOS**
Símbolos na IA

37 **SEGUINDO AS REGRAS**
Lógica computacional

38 **O QUE, QUANDO, POR QUE E COMO?**
Tipos de conhecimento

39 **APRESENTANDO CONHECIMENTO**
Representação de conhecimento

40 **SE ISSO, ENTÃO AQUILO**
Regras

42 **O CAMINHO MAIS CURTO**
Pathfinding

43 **SOLUÇÕES IMPERFEITAS**
Heurística

44 **EXECUTANDO UMA TAREFA**
Planejamento e IA

46 **LIDANDO COM INCERTEZAS**
Probabilidade e IA

48 **MODELANDO MUDANÇAS**
Cadeia de Markov

49 **MODELANDO INCERTEZAS**
Modelos estocásticos

50 **CONSELHOS AUTOMATIZADOS**
Sistemas especialistas

52 **DADOS BAGUNÇADOS**
Bagunça

54 **ARRUMADA X DESARRUMADA**
Dois campos da pesquisa de IA

INTELIGÊNCIA ARTIFICIAL ESTATÍSTICA

58 **ENSINANDO IAs A PENSAR**
Aprendizado de máquina

60 **INSIGHTS A PARTIR DE DADOS**
Mineração de dados

61 **MATERIAIS DE ENSINO**
Dados de treino

62 **GANHO DE SIGNIFICADO**
Características e rótulos

64 **PROCURANDO PADRÕES**
Reconhecimento de padrões

65 **SIM OU NÃO?**
Árvores de decisão

66 **TIPOS DE DADOS**
Classificação

67 **A LINHA DO MELHOR AJUSTE**
Regressão

68 **AGRUPANDO DADOS**
Clustering

69 **ESTRANHO NO NINHO**
Detecção de anomalias

70 **O RESULTADO MAIS PROVÁVEL?**
Previsões

72 **APRENDIZADO DE MÁQUINA COM DADOS "ROTULADOS"**
Aprendizagem supervisionada

73 **APRENDIZADO DE MÁQUINA COM DADOS "BRUTOS"**
Aprendizagem não supervisionada

74 **APRENDENDO A PARTIR DE FEEDBACK**
Aprendizado por reforço

75 **TRABALHANDO JUNTOS**
Aprendizado por combinação

76 **O CÉREBRO IA**
Redes neurais artificiais

77 **ESTRUTURA DE REDE**
Camadas

78 **ATRIBUINDO IMPORTÂNCIA**
Pesos

79 **OBJETIVOS E LIMITES**
Vieses

80 **MEDINDO O SUCESSO**
Função de custo

81 **MELHORANDO O DESEMPENHO**
Método do gradiente

82 **REFINANDO O MODELO**
A regra delta

83	**REDE DE MÃO ÚNICA** *Redes neurais feedforward*	103	**MONITORANDO A SAÚDE** *IA e cuidados de saúde*
84	**DADOS DE AJUSTE FINO** *Retropropagação*	104	**INTERNET DAS COISAS** *Dispositivos conectados*
85	**DADOS ESTRUTURADOS** *Redes neurais recorrentes*	105	**DISPOSITIVOS INTELIGENTES** *IA integrada*
86	**CONSTRUINDO UM CÉREBRO** *Aprendizagem profunda*	106	**SISTEMAS DE MONITORAMENTO** *IA e infraestrutura*
87	**IA CONTRA IA** *Rede adversarial generativa*	107	**AGRICULTURA "INTELIGENTE"** *Agricultura de precisão*
88	**PROCESSANDO DADOS VISUAIS** *Redes neurais convolucionais*	108	**IA SENSORIAL** *Percepção de máquina*
		109	**PROCESSAMENTO DE SONS** *Audição de máquina*
		110	**SIMULAÇÃO DE VISÃO** *Visão computacional*
		111	**RECONHECIMENTO FACIAL** *Mapeamento de características*

MÃOS NA MASSA

92	**MIL E UMA UTILIDADES** *Aplicações da IA*	112	**COMPREENSÃO DE PALAVRAS** *Processamento de linguagem natural*
94	**CLASSIFICAÇÃO** *Hierarquias de dados*	114	**INTÉRPRETES IA** *Tradução automática*
95	**RECOMENDAÇÃO** *Conteúdo sob medida*	115	**SE MINHA IA FALASSE** *Chatbots*
96	**DETECÇÃO DE AMEAÇAS** *Cibersegurança*	116	**AJUDANTES IA** *Assistentes virtuais*
97	**ATAQUES ON-LINE** *Guerra cibernética*		
98	**DETECÇÃO DE FRAUDES** *Monitoramento de transações*		
99	**IA EM FINANÇAS** *Trade com algoritmos*		
100	**ENTENDIMENTO DE PROTEÍNAS** *Pesquisa médica*		

101	**PROCURANDO PLANETAS** *Pesquisa astronômica*	117	**ARTISTAS IA** *IA generativa*
102	**MÉDICOS DIGITAIS** *IA em diagnóstico médico*	118	**ROBÔS INTELIGENTES** *IA incorporada*
		119	**COMPANHEIROS IA** *Robôs sociais*
		120	**MOVIMENTO E MOBILIDADE** *Interações físicas I*

121 **DESTREZA MANUAL**
    Interações físicas II
122 **CARROS SEM MOTORISTA**
    Veículos autônomos
123 **IA E GUERRA**
    Armas autônomas

FILOSOFIA DA INTELIGÊNCIA ARTIFICIAL

126 **IA SIMILAR A HUMANOS**
    Inteligência artificial geral
127 **O PONTO DE NÃO RETORNO**
    A singularidade tecnológica
128 **ONDE FICA A CONSCIÊNCIA?**
    A questão de Leibniz
129 **OS SUBMARINOS NADAM?**
    Funcionalismo
130 **O JOGO DA IMITAÇÃO**
    O teste de Turing
132 **MÉTRICAS DE INTELIGÊNCIA**
    Testes de inteligência
133 **MÁQUINAS E COMPREENSÃO**
    O experimento do quarto chinês
134 **ZUMBIS FILOSÓFICOS**
    Inteligência humana × de máquina
135 **UM NOVO TIPO DE PESSOA**
    Direitos e responsabilidades da IA
136 **REPLICANDO A MENTE**
    Múltipla realizabilidade
137 **PENSAMENTO TRANSPARENTE**
    Abrindo a caixa

VIVENDO COM INTELIGÊNCIA ARTIFICIAL

140 **MITO OU REALIDADE?**
    A verdade sobre a IA
142 **LIXO ENTRA, LIXO SAI**
    Qualidade de dados
143 **RESULTADOS PRECONCEITUOSOS**
    Viés oculto
144 **DIGA-ME O QUE BUSCAS, E TE DIREI QUEM ÉS**
    Criação de perfil por IA
145 **PROCESSAMENTO TRANSPARENTE**
    IA com caixa branca
146 **UMA FORÇA DE TRABALHO DE IA**
    Desemprego tecnológico
147 **EQUILÍBRIO DA IA**
    IA e igualdade
148 **UMA CÂMARA DE ECO**
    Filtro de bolhas
149 **OS LIMITES DO CONTROLE**
    Autonomia da IA
150 **CERTO X ERRADO**
    Design ético
151 **ÉTICA INTEGRADA**
    As três leis de Asimov
152 **QUEM É CULPADO?**
    IA e responsabilidade
153 **O QUE DEVERÍAMOS PERMITIR?**
    IA e regulamentação
154 **RISCOS EXISTENCIAIS**
    Uma distopia de IA
155 **RECOMPENSAS ILIMITADAS**
    Uma utopia de IA

O QUE É INTELIGÊNCIA ARTIFICIAL?

Inteligência artificial (IA) é a inteligência demonstrada pelas máquinas, conhecidas como "IAs". A história da IA começa nos anos 1950, quando os primeiros computadores modernos foram construídos. Desde então, aconteceram ondas de empolgação e desilusão, além de uma mudança de foco de IAs baseadas em lógica formal (conhecidas como IAs "clássicas" ou "simbólicas") para IAs baseadas em dados e estatística. Atualmente, o aprendizado de máquina – o uso de grandes conjuntos de dados para treinar modelos de IA, como redes neurais artificiais, para executar tarefas sem uma programação explícita para fazê-las – domina a pesquisa sobre IA. Usando essa abordagem, os modelos podem ser ensinados a executar tarefas de forma rápida e hábil.

Na cultura popular, as IAs costumam ser retratadas como rivais da inteligência humana, até mesmo como uma ameaça existencial. Na realidade, as tecnologias de IA costumam ser limitadas em suas aplicações e estão bem distantes de alcançar a inteligência de um gato, e mais ainda a de um ser humano. Entretanto, a IA é uma ferramenta poderosa quando aplicada a problemas específicos, como ler caligrafia, recomendar programas de televisão ou diagnosticar questões médicas.

Nós usamos IAs todos os dias sem perceber. No entanto, conforme assumem cada vez mais tarefas humanas, sua prevalência levanta questões urgentes e complexas sobre como podemos garantir que continuem a servir a toda a humanidade, e não só a si mesmas ou a uma elite poderosa. Ver máquinas executarem tarefas que eram consideradas unicamente humanas, até mesmo criando arte e música, desafia nossas suposições mais fundamentais sobre o que significa ser humano. Nosso futuro com IAs é incerto, mas é um amanhã que cientistas, engenheiros, matemáticos, filósofos, legisladores e todos os interessados pelo futuro da humanidade podem ajudar a dar forma.

HISTÓR
INTELI
ARTIFI

IA DA GÊNCIA CIAL

Bem antes de a IA se tornar uma possibilidade prática, a noção de uma "máquina viva" existia na mitologia, particularmente na Grécia Antiga e na China. Entretanto, a ideia foi levada a sério pela primeira vez no século XVIII, quando foram criados dispositivos complexos e autopropulsionados, ou "autômatos". Enquanto isso, filósofos ponderavam se o pensamento humano podia ser simulado pela manipulação de símbolos: uma ideia que levou à invenção dos primeiros computadores digitais programáveis nos anos 1940. No final dos anos 1950, a IA já era um campo de estudo reconhecido. Desde então, os computadores ficaram mais poderosos, o que, por sua vez, levou à criação de IAs cada vez mais versáteis, embora não se possa dizer que qualquer uma delas esteja "viva".

IMITAÇÃO DA VIDA

Um autômato é uma máquina capaz de operar sozinha, seguindo uma sequência de instruções programadas. Historicamente, a maioria dos autômatos eram brinquedos animados – muitas vezes figuras ou animais mecânicos, alguns dos quais surpreendentemente realistas. Os animatrônicos, muito usados para retratar personagens de filmes ou em parques de diversão, são autômatos eletrônicos modernos.

Em IA, a palavra "autômato" se refere a um computador que pode ser programado para executar uma tarefa específica, como fazer uma previsão da bolsa de valores ou analisar o comportamento de clientes. As IAs mais recentes são altamente sofisticadas e parecem ter pensamento próprio. Entretanto, ainda não se construiu uma com capacidade de controlar as próprias ações.

ANDROIDE

Um androide é um autômato que foi elaborado para imitar o comportamento humano.

DEFININDO INTELIGÊNCIA

O matemático inglês Alan Turing (1912-1954) elaborou um teste que pode ser usado para estabelecer se uma máquina tem ou não inteligência similar à humana (ver p. 130-131). Em sua origem, o teste de Turing consistia em aferir se uma máquina conseguiria se passar por humana durante uma conversa. Entretanto, os cientistas agora argumentam que, como há tipos diferentes de inteligência (como inteligência artística e inteligência emocional), uma IA precisa demonstrar ter todo tipo de inteligência para que possa ser considerada equivalente a um ser humano. Em termos amplos, são oito tipos de inteligência, entre as quais figuram a inteligência sensorial (capacidade de interagir com o ambiente) e a inteligência reflexiva (capacidade de refletir sobre um comportamento e modificá-lo).

> "Eu sei que sou inteligente porque eu sei que nada sei."
> Sócrates

MÚLTIPLAS INTELIGÊNCIAS | 11

PENSAR = COMPUTAR

A ideia de que todo pensamento, seja humano ou artificial, é uma forma de computação (ver p. 15) – especificamente, um processo usando algoritmos para converter inputs simbólicos em outputs simbólicos (ver p. 36) – é conhecida como "computacionalismo". Os computacionalistas argumentam que o cérebro humano é um computador e que, portanto, um dia uma IA deve conseguir fazer qualquer coisa que um cérebro faz. Em outras palavras, eles alegam que uma IA desse tipo não só simularia o pensamento, mas teria consciência genuína similar à humana.

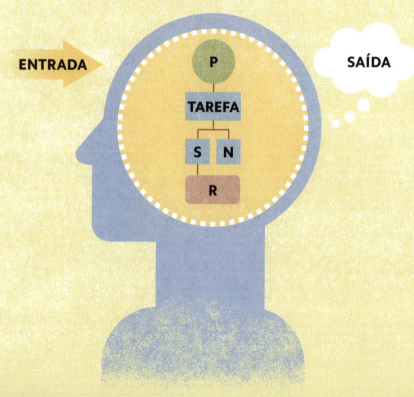

ZEROS E UNS

Um código binário é um código que representa informações, tais como instruções, usando só dois números ou dígitos. O código binário mais comumente empregado em computação usa os números 0 e 1, cada um deles representando um "bit" de informação. Qualquer número pode ser convertido em zeros e uns (por exemplo, o número 12 é 1100 em binário), assim como qualquer letra de qualquer alfabeto conhecido. Os dois dígitos também podem representar os dois estados de uma corrente elétrica – "ligado" e "desligado" –, o que significa que softwares traduzidos para código binário podem ser lidos por um computador.

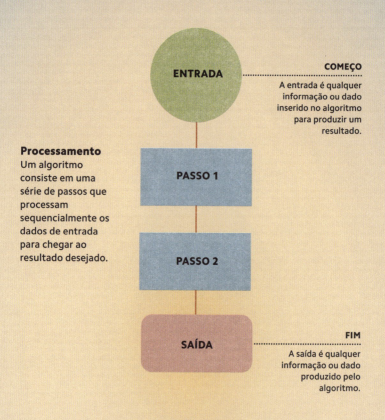

PASSO A PASSO

Um algoritmo é uma sequência de instruções para executar uma tarefa. Ele pega uma entrada (input), como informações ou dados, que processará em uma série de passos para produzir um resultado, ou uma saída, desejado. A tarefa ou o processo pode ser um cálculo simples, o passo a passo de uma receita para fazer uma refeição ou a resolução de equações matemáticas complexas. Um algoritmo é um exemplo do que os matemáticos chamam de "método efetivo", o que significa que tem um número finito de passos e produz uma saída exata.

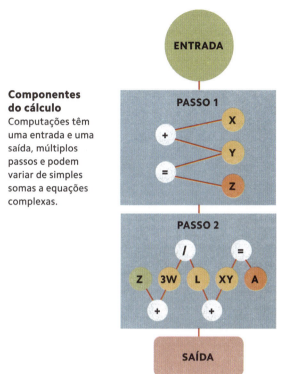

Componentes do cálculo
Computações têm uma entrada e uma saída, múltiplos passos e podem variar de simples somas a equações complexas.

ALGORITMOS EM AÇÃO

Uma computação é um cálculo que segue os passos de um algoritmo. O exemplo mais direto de computação é um cálculo aritmético. Por exemplo, ao somar um par de números de três dígitos de cabeça, você segue uma série de passos, ou um algoritmo, para efetuar o cálculo. Computações usam símbolos para representar números, mas símbolos podem representar quase qualquer outra coisa (ver p. 36). Com os símbolos e os algoritmos certos, computações imensamente complexas se tornam possíveis.

COMPUTAÇÃO | 15

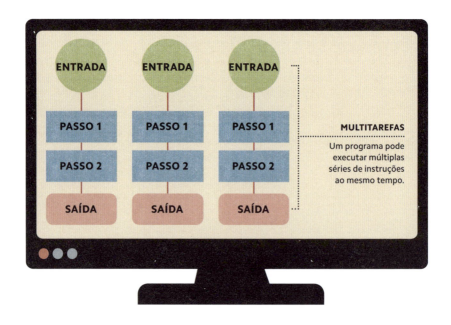

INSTRUINDO COMPUTADORES

Um programa é uma sequência de instruções escritas em código que permite a um computador executar uma ou mais tarefas. Charles Babbage idealizou o primeiro programa. Ele se inspirou no design de um certo tear de seda, que tinha partes que se moviam para cima ou para baixo em resposta a um padrão de buracos perfurados em um cartão. Babbage reconheceu que esses buracos podiam armazenar instruções para operar engrenagens e alavancas de uma máquina que ele estava elaborando, a "Máquina Analítica". Os computadores modernos funcionam com o mesmo princípio, seguindo sequências de instruções que costumam ser escritas em código binário (ver p. 13).

OS PRIMEIROS COMPUTADORES MECÂNICOS

No século XIX, o trabalho complexo de produzir tabelas numéricas (usadas em navegação, na guerra e em outros campos) era executado por pessoas conhecidas como "computadores". Para evitar erros por falha humana, o matemático inglês Charles Babbage (1791–1871) inventou o que chamou de "Máquina Diferencial": uma máquina que executava cálculos matemáticos mecanicamente. Babbage depois criou a "Máquina Analítica": uma calculadora de uso geral que podia ser programada usando cartões perfurados e tinha unidades de memória e processamento separadas. Embora nunca tenha sido produzida, a Máquina Analítica possuía muitas das características principais dos computadores modernos (ver p. 22).

MÁQUINAS DE BABBAGE | 17

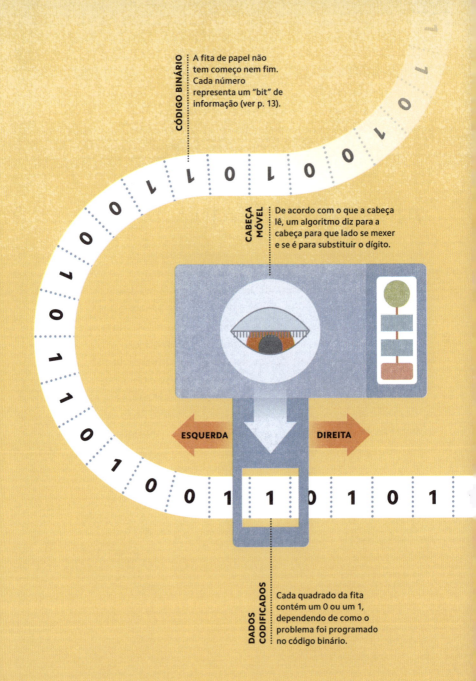

18 | MÁQUINA UNIVERSAL DE TURING

APENAS NO PAPEL

Em 1936, o matemático inglês Alan Turing (1912–1954) elaborou uma máquina imaginária capaz de solucionar qualquer problema "computável" (ver p. 15). Em outras palavras, desde que o problema pudesse ser escrito usando símbolos e algoritmos e traduzido para código binário (ver p. 13), a máquina dele teria capacidade de resolvê-lo. O dispositivo consistia em uma cabeça que se movia ao longo de uma fita marcada com informações binárias. Apesar de nunca ter sido construída, a Máquina Universal de Turing iniciou a revolução dos computadores ao provar que uma máquina poderia lidar com qualquer problema computável.

1 0 1 1 1 0 0 0 1 0 1 1

Máquina de resolver problemas
Uma cabeça de leitura e escrita se move para a frente e para trás sobre uma fita de papel. Seguindo instruções de um algoritmo, muda números 1 para 0 e vice-versa, dependendo do que veio antes.

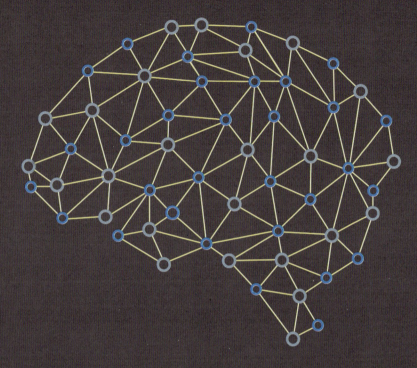

CÉREBRO ELÉTRICO

Alan Turing (ver p. 18-19) demonstrou que uma máquina podia executar qualquer computação (ver p. 15) com a combinação certa de símbolos. Em 1943, o cientista Walter McCulloch (1898–1969) e o matemático Walter Pitts (1923–1969) demonstraram que redes de unidades baseadas nas células nervosas humanas, ou neurônios, passando sinais elétricos de um lado para outro, podiam copiar a máquina de Turing. Eles sugeriram que o cérebro seria uma espécie de computador vivo, isso é, que o programa que funcionava no cérebro humano também poderia funcionar em um cérebro elétrico. Essa teoria é conhecida como o princípio da "múltipla realizabilidade" (ver p. 136).

NEURÔNIOS ARTIFICIAIS

Cada um dos 86 bilhões de neurônios no cérebro humano é um pequeno processador que recebe sinais elétricos (entrada) de outros neurônios e envia sinais próprios (saída). McCulloch e Pitts perceberam que os neurônios podem agir como portas lógicas: dispositivos capazes de serem ligados ou desligados (ver p. 13), dependendo da entrada. Os cientistas descreveram um neurônio imaginário chamado de "unidade lógica de limiar". Esse neurônio funciona primeiro somando os valores das entradas (sinais de outros neurônios) e depois multiplicando esse valor por uma variável chamada "peso" (ver p. 78). Essa é a força de uma conexão entre neurônios. Se os sinais de entrada excederem um certo valor (ver p. 79), o neurônio é acionado para enviar um sinal de saída. Esse acionamento é chamado de "função de ativação".

ACIONAMENTO Se o valor combinado dos sinais de entrada atravessar o limiar da função de ativação, um sinal de saída é produzido.

SINAL As entradas enviam sinais para o neurônio. Cada conexão tem uma força associada, ou peso.

SOMA O neurônio calcula o valor combinado dos sinais de entrada e a força das conexões com ele.

UNIDADES LÓGICAS DE LIMIAR | 21

UM COMPUTADOR PROGRAMÁVEL

O Computador Integrador Numérico Eletrônico (Eniac, na sigla em inglês) foi uma máquina computacional construída nos Estados Unidos entre 1943 e 1946. Feito de 18 mil válvulas eletrônicas (componentes eletrônicos parecidos com lâmpadas) e cobrindo 167 metros quadrados, calculava tabelas de alcance (uma lista de ângulos e elevações necessárias para acertar um alvo) para artilharia e dava as respostas em cartões perfurados. Em apenas vinte segundos, ele conseguia completar um cálculo que pessoas usando calculadoras eletromecânicas demoravam horas para executar. O Eniac era programado mudando o arranjo de cabos conectados nele, o que levava dias para finalizar. Foi o primeiro computador a conseguir rodar diferentes programas.

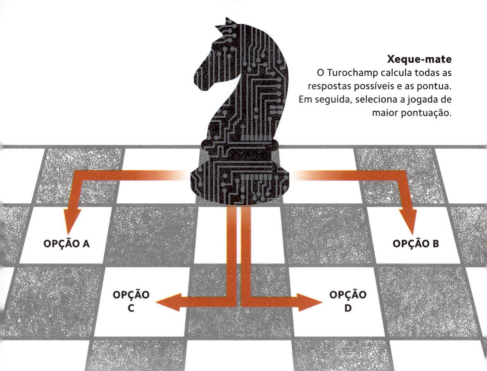

Xeque-mate
O Turochamp calcula todas as respostas possíveis e as pontua. Em seguida, seleciona a jogada de maior pontuação.

UM PROGRAMA TEÓRICO

Em 1948, Alan Turing (ver p. 18-19) e o matemático David Champernowne (1912–2000) decidiram provar que, com o algoritmo certo, um computador podia jogar uma partida de xadrez. Na ocasião, não existia computador eletrônico capaz de rodar um algoritmo desses, então o próprio Turing fez o papel de computador, executando cada passo do algoritmo no papel. "Turochamp", como eles o chamaram, era mais uma prova de que os computadores (fossem humanos ou artificiais) podiam executar cálculos complexos sem entender o que estavam fazendo, só seguindo um conjunto de instruções.

UM DIAGRAMA COMPUTACIONAL

John von Neumann (1903–1957) foi um cientista que participou do desenvolvimento do Eniac (p. 22), o primeiro computador programável. Ele elaborou um modelo (à direita) que estabeleceu como os componentes principais dos computadores de hoje são estruturados, a arquitetura de von Neumann. O maior avanço foi uma unidade de memória que continha tanto os programas (p. 16) quanto os dados (p. 32), o que tornou as máquinas mais rápidas e fáceis de reprogramar. As informações dentro dela vão para uma unidade central de processamento (CPU, na sigla em inglês). Dentro da CPU fica uma unidade de controle que decodifica o programa em instruções, executadas por uma unidade lógica e aritmética (ALU, na sigla em inglês), que usa dados para executar cálculos e tarefas. Os resultados são, então, devolvidos para a unidade de memória.

INTERFACE
Dispositivos de entrada, como um teclado e um mouse, permitem que os usuários insiram dados na máquina.

DISPOSITIVO DE ENTRADA

Vantagem estrutural
Este diagrama mostra a arquitetura de von Neumann. Com o aprimoramento das unidades de memória, as máquinas ficaram mais velozes e poderosas.

> "Qualquer máquina computacional que precise resolver um problema matemático complexo precisa ser 'programada' para essa tarefa."
> John von Neumann

UNIDADE CENTRAL DE PROCESSAMENTO (CPU)

UNIDADE DE CONTROLE

UNIDADE LÓGICA E ARITMÉTICA (ALU)

UNIDADE DE MEMÓRIA

DISPOSITIVO DE SAÍDA

CONTROLE CENTRAL
A CPU contém a unidade de controle e a ALU e se conecta aos dispositivos de entrada e de saída.

CONTROLE DE DADOS
Controla o fluxo de dados dentro da CPU e instrui a ALU.

INTERFACE
Dispositivos de saída, como um monitor ou uma impressora, permitem que o usuário veja os dados.

PROCESSAMENTO DE DADOS
Segue instruções da unidade de controle e processa os dados.

ARMAZENAMENTO
Para melhorar o desempenho, programas e dados são armazenados diretamente dentro da máquina.

ARQUITETURA DE VON NEUMANN

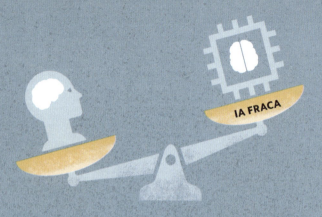

DOIS TIPOS DE IA

Seja o cérebro uma espécie de computador humano ou não (ver p. 12), a inteligência e a consciência humana são referências que os cientistas usam para medir a capacidade de uma IA. Alguns cientistas argumentam que IAs "fracas" (como computadores que executam tarefas específicas e limitadas, como jogar xadrez ou traduzir idiomas) são o único tipo de IA que pode ser fabricado. Outros acreditam que, um dia, IAs "fortes" (uma inteligência capaz de se equiparar à de um ser humano de todas as formas) serão realidade. Uma IA "forte" não só teria capacidades cognitivas similares às humanas, mas poderia, segundo seus defensores, ser consciente (ver p. 128 e 129) e, por esse motivo, conquistar direitos (ver p. 135).

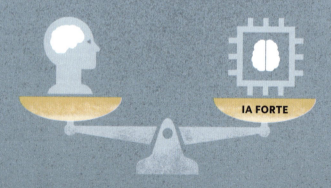

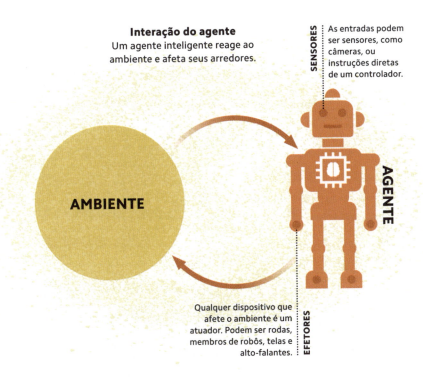

Interação do agente
Um agente inteligente reage ao ambiente e afeta seus arredores.

SENSORES — As entradas podem ser sensores, como câmeras, ou instruções diretas de um controlador.

EFETORES — Qualquer dispositivo que afete o ambiente é um atuador. Podem ser rodas, membros de robôs, telas e alto-falantes.

IA EM AÇÃO

Um "agente inteligente" em IA é qualquer coisa capaz de sentir, reagir e afetar seu ambiente, que pode ser físico ou digital. São exemplos disso robôs, termostatos e programas de computador. O agente tem "sensores" para perceber o ambiente e "atuadores" para interagir com os arredores. A ação do agente depende dos objetivos para os quais foi programado e do que capta. Alguns agentes conseguem aprender (ver p. 58-59) e, dessa forma, mudam a maneira como reagem a condições no ambiente em questão.

AGENTES INTELIGENTES | 27

TENTATIVA E ERRO

Máquinas que seguem instruções simples (como as calculadoras, que aplicam regras matemáticas) existem há décadas. Criar máquinas que "aprendem" – a base da IA moderna –, é bem mais recente e complexo. Para fazer isso, os programadores usam algoritmos (ver p. 14) que são repetidamente revisados por tentativa e erro para melhorar a precisão. Como na evolução natural, as melhorias são graduais e incrementais. Conforme as IAs avançarem, elas poderão realizar sozinhas seu próprio aprendizado, embora atualmente precisem de assistência humana.

Precisão melhorada
Ensinar máquinas a aprender significa deixá-las mais precisas e confiáveis.

CÉREBRO IMITADO

Conexionismo é uma abordagem em IA na qual as informações são representadas não só por símbolos, mas por padrões de conexão e atividade em uma rede. Esses padrões são conhecidos como "representações distribuídas" e a computação que é feita assim é conhecida como "processamento paralelo distribuído" (PDP, na sigla em inglês). Os conexionistas acreditam que a inteligência pode ser alcançada pegando simples unidades de processamento, como neurônios artificiais (ver p. 21), e os conectando uns aos outros em enormes "redes neurais artificiais" (RNAs, ver p. 76) para permitir o PDP. Como o nome sugere, o modelo conexionista é baseado na forma como o cérebro funciona, usando processamento paralelo por redes interconectadas de células, ou neurônios.

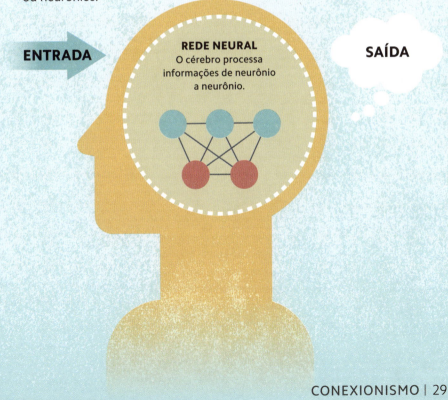

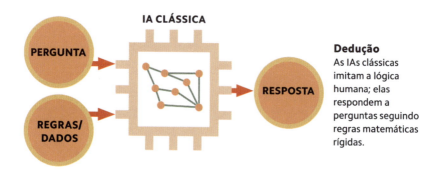

MODELOS DE IA

As primeiras formas de IA são chamadas de IAs clássicas (ou simbólicas). Elas foram construídas pela abordagem de cima para baixo (*top-down*), na qual os projetistas dos computadores primeiro estabeleceram as regras de argumentação simbólica – como os humanos pensam – e então as inseriram nas IAs. O desempenho era sempre limitado, devido à aplicação rígida das regras e da compreensão que os programadores tinham delas. As IAs estatísticas modernas são programadas com uma abordagem de baixo para cima (*bottom-up*) e alimentadas por dados e ferramentas de aprendizado da própria máquina (ver p. 58-59), permitindo que encontrem padrões nos dados. A partir desses padrões, elas constroem modelos que mostram como sistemas específicos (como mercados financeiros) operam sob certas condições.

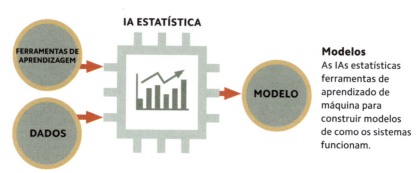

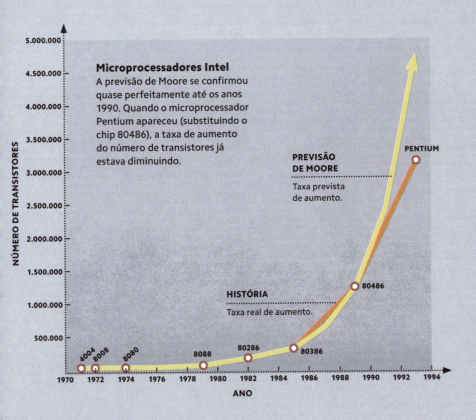

Microprocessadores Intel
A previsão de Moore se confirmou quase perfeitamente até os anos 1990. Quando o microprocessador Pentium apareceu (substituindo o chip 80486), a taxa de aumento do número de transistores já estava diminuindo.

PREVISÃO DE MOORE
Taxa prevista de aumento.

HISTÓRIA
Taxa real de aumento.

PODER COMPUTACIONAL

A Lei de Moore tem esse nome em homenagem a Gordon Moore (1929–2023), cofundador da fabricante de chips de circuito integrado Intel. Em 1965, Moore previu que a quantidade de transistores que caberia em um chip de computador dobraria a cada dois anos. Devido a avanços na tecnologia, particularmente a miniaturização, essa previsão se cumpriu por décadas, e, embora o avanço tenha desacelerado, o poder de computação continua aumentando todos os anos. Isso significa que, no futuro próximo, se o computacionalismo estiver correto (ver p. 12), as IAs terão o mesmo poder de computação do cérebro humano.

LEI DE MOORE | 31

INFORMAÇÃO BRUTA

Dados são informações que podem assumir muitas formas, como números, palavras ou imagens. Em computação, dados são uma sequência de símbolos que é coletada e processada por um computador de acordo com sua programação. Nos computadores modernos, esses símbolos são os números 1 e 0 do código binário (ou digital) (ver p. 13). Esses dados estão "em descanso" (armazenados fisicamente em uma base de dados), "em trânsito" (sendo usados para uma determinada tarefa finita) ou "em uso" (sendo atualizados constantemente), e também podem ser compartilhados entre computadores. Dados são classificados de acordo com a possibilidade de serem medidos e como isso é feito.

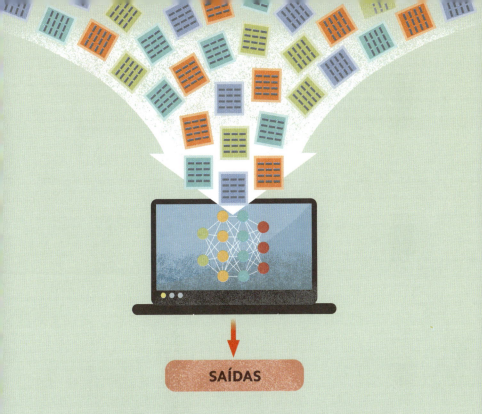

TUDO EM TODO LUGAR AO MESMO TEMPO

"Big data" é uma expressão que descreve conjuntos de dados que são grandes demais para serem processados por softwares de processamento de dados de formas tradicionais. Esses conjuntos de dados podem ser quantidades enormes de informação sobre pessoas, seus comportamentos e suas interações. Por exemplo: as operadoras de telefonia móvel usam os celulares dos clientes para rastrear a movimentação de bilhões de pessoas, cada segundo de todos os dias, e registram essas informações em conjuntos de dados gigantescos. IAs usam big data amplamente, com aplicações que vão desde treinar modelos de aprendizado de máquina (ver p. 58-59), fazer previsões do tempo ou do comportamento futuro de clientes (ver p. 70-71) e até proteger contra ciberataques (ver p. 97).

INTELI
ARTIFI
CLÁSSI

GÊNCIA
CIAL
CA

Dos anos 1950 aos anos 1990, o paradigma dominante na pesquisa de IA era o da IA clássica (ou "simbólica" ou "lógica"). Essa abordagem se fundamentava em argumentação lógica, usando símbolos e regras escritas por programadores humanos para representar conceitos e a relação entre eles. Ela teve muitos êxitos e gerou, entre outras, IAs que jogavam, mantinham conversas básicas e respondiam a consultas usando "sistemas especialistas". Embora a IA estatística tenha superado a IA clássica, a velha abordagem não foi totalmente abandonada e muitas de suas técnicas foram incorporadas às aplicações da IA moderna, como processamento de linguagem natural e robótica.

REPRESENTANDO DADOS

Em IA, um "símbolo" é uma representação gráfica de um item ou conceito do mundo real – uma figura é um exemplo simples de símbolo. Ele também pode ser um grupo de outros símbolos, como as letras que formam o nome de um objeto. Na IA clássica, os símbolos incorporam a soma total dos fatos relevantes e das informações requeridas para o sistema entender o que algo é. Para chegar a isso, os dados são rotulados (ver p. 62-63) e vinculados a um símbolo. O símbolo de uma maçã incluiria uma variedade de dados declarando o que uma maçã é e não é.

SEGUINDO AS REGRAS

Lógica é o estudo do raciocínio sensato e das regras que determinam o que torna um argumento válido. Na prática, a lógica permite que as pessoas peguem afirmações sobre o mundo (premissas) e deduzam novas informações (conclusões) a partir dessas afirmações. IAs são programadas para seguir regras lógicas rigorosas, com o objetivo de produzir conclusões confiáveis. Uma dessas regras é o silogismo, que declara: "Se todos os As são Bs e todos os Bs são Cs, então todos os As são Cs." Esse princípio simples permite que IAs saibam que todos os itens de uma classe específica sempre terão uma característica particular.

Lógica silogística
Uma IA que entende que frutas são saudáveis e que uma maçã é uma fruta também sabe que maçãs são saudáveis.

PREMISSA 1:
MAÇÃS SÃO FRUTAS

PREMISSA 2:
FRUTAS SÃO SAUDÁVEIS

CONCLUSÃO
MAÇÃS SÃO SAUDÁVEIS

LÓGICA COMPUTACIONAL | 37

O QUE, QUANDO, POR QUE E COMO?

Sistemas de IA usam até cinco tipos de conhecimento em suas interações com o mundo, mas só dois são comuns a todas as IAs. O conhecimento declarativo é a forma mais básica e descreve fatos, como "gatos são mamíferos", enquanto o conhecimento processual instrui as IAs sobre como completar tarefas específicas. Em algumas IAs, metaconhecimento, conhecimento heurístico (ver p. 43) e conhecimento estrutural oferecem informações adicionais para a resolução de problemas.

Declarativo
Fatos básicos de que uma IA precisa para funcionar.

Processual
Regras e instruções de que uma IA precisa para executar uma tarefa.

Meta
Informações que descrevem o conhecimento que a IA está usando.

Heurístico
Atalhos úteis, baseados na experiência humana, que ajudam uma IA a funcionar.

Estrutural
Conhecimento que explica como coisas diferentes se relacionam uma com a outra.

APRESENTANDO CONHECIMENTO

Para uma IA entender a informação corretamente, ela precisa ser apresentada de forma muito clara. Há quatro maneiras principais de fazer isso. A "representação lógica" oferece informação usando as palavras exatas de um idioma (ou símbolos para representá-lo). A "representação semântica" garante que os significados individuais dentro da informação estejam conectados de um jeito formal e lógico. A "representação em frames" apresenta a informação em forma tabular, com fatos alocados em "compartimentos" individuais. Por fim, as "regras de produção" são as instruções que indicam quais conclusões uma IA pode deduzir da informação que recebeu (ver p. 37).

Representação lógica
Apresentação da informação clara, lógica e inequívoca.

Representação semântica
As relações e conexões entre fatos dentro da informação são claras.

Representação em frames
A informação pode ser representada por tabelas simples. Aqui, as células contêm detalhes sobre Tom, o gato.

GRUPO	MAMÍFERO
GÊNERO	GATO
NOME	TOM

Regras de produção
Quando uma declaração "SE" for verdade, uma declaração "ENTÃO" pode ser deduzida a partir dela.

SE	ENTÃO
TOM É UM GATO	TOM É MAMÍFERO

SE

ENTÃO

SENÃO

DECLARAÇÃO SE
Uma declaração condicional SE pergunta ao sistema se algo é verdade e diz a ele o que fazer em seguida.

DECLARAÇÃO ENTÃO
ENTÃO especifica que ação o sistema deve executar quando a declaração SE for verdade.

DECLARAÇÃO SENÃO
SENÃO especifica que uma ação diferente deve ser tomada. Sem uma opção SENÃO, o sistema não faz nada se a condição for falsa.

SE ISSO, ENTÃO AQUILO

Um sistema de IA baseado em regras usa instruções que consistem em declarações "SE-ENTÃO" para tirar conclusões baseadas em pressupostos. Na sua forma mais simples, a declaração SE-ENTÃO diz ao sistema: "Se essa condição for verdade para os fatos atuais, então faça isso; se for falsa, não faça nada." Acrescentar uma opção "SENÃO" permite declarações mais complicadas: "Se essa condição for verdade, então faça isso; senão, faça aquilo." Sistemas baseados em regras são previsíveis, confiáveis e "transparentes", o que significa que é fácil deduzir quais regras a IA aplica. Entretanto, sem a intervenção humana, IAs baseadas em regras não "aprendem" ao acrescentar regras e fatos ao seu conjunto.

40 | REGRAS

> "Muito do que fazemos com aprendizado de máquinas acontece abaixo da superfície."
> Jeff Bezos

SE

ENTÃO

SENÃO

ENCONTRANDO A RESPOSTA

Mais de uma regra SE pode ser aplicada aos fatos para produzir uma resposta final.

REGRAS | 41

O CAMINHO MAIS CURTO

Algoritmos de *pathfinding* são algoritmos usados para encontrar a rota mais curta entre dois pontos. Eles têm muitos usos, inclusive em navegação veicular e jogos de computador. O algoritmo é programado usando um gráfico com pesos (ver abaixo) que mostra todos os caminhos disponíveis. Os círculos, ou "nós", representam paradas ou localizações especiais que são unidas por linhas conhecidas como "arestas". Os programadores acrescentam um peso (ver p. 78) às arestas, o que reflete um "custo", como distância ou tempo. O algoritmo calcula os pesos para encontrar o caminho mais curto.

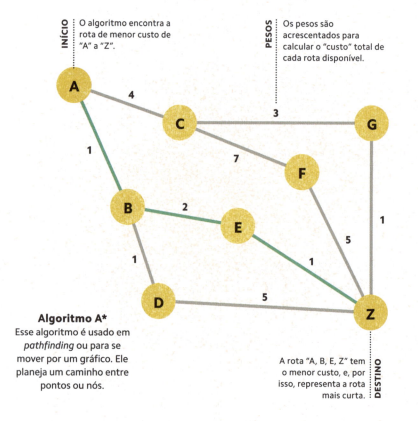

INÍCIO — O algoritmo encontra a rota de menor custo de "A" a "Z".

PESOS — Os pesos são acrescentados para calcular o "custo" total de cada rota disponível.

DESTINO — A rota "A, B, E, Z" tem o menor custo, e, por isso, representa a rota mais curta.

Algoritmo A*
Esse algoritmo é usado em *pathfinding* ou para se mover por um gráfico. Ele planeja um caminho entre pontos ou nós.

42 | PATHFINDING

SOLUÇÕES IMPERFEITAS

Alguns problemas são complexos demais para um algoritmo resolver rapidamente. Nesses casos, uma IA pode fazer uma "busca por força bruta", ou seja, ela trabalha metodicamente e avalia todas as soluções possíveis. Mas é um processo lento e, em alguns casos, impossível. Uma alternativa mais eficiente é usar uma "heurística". Esse método prático usa uma abordagem de bom senso, procurando uma solução aproximada estimando uma escolha "boa o suficiente" a cada ponto de decisão, com base nas informações disponíveis.

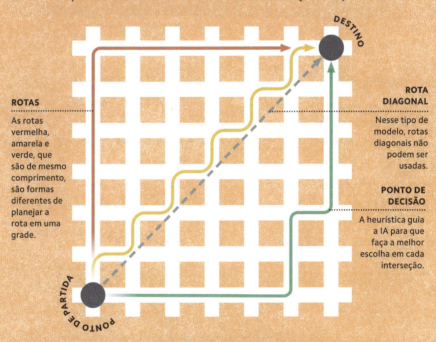

ROTAS

As rotas vermelha, amarela e verde, que são de mesmo comprimento, são formas diferentes de planejar a rota em uma grade.

ROTA DIAGONAL

Nesse tipo de modelo, rotas diagonais não podem ser usadas.

PONTO DE DECISÃO

A heurística guia a IA para que faça a melhor escolha em cada interseção.

Distância de Manhattan

Os mapas heurísticos de distância de Manhattan traçam rotas calculando quadradinhos percorridos vertical e horizontalmente. Podem ser usados para planejar um trajeto em uma cidade com layout de grade, como Manhattan, em Nova York.

HEURÍSTICA | 43

EXECUTANDO UMA TAREFA

As IAs incorporadas (ver p. 118), como os robôs, usam uma técnica conhecida como "planejamento" para ajudá-las a resolver problemas práticos. O planejamento envolve entender o ambiente ou a localização em que a tarefa precisa ser executada e mapear as ações requeridas para completá-la. A IA precisa identificar cada passo necessário para cumprir a tarefa e a sequência ótima (de menor custo) para executá-los (ver p. 42). Se, por algum motivo, a sequência ótima não for possível, ela deve ser capaz de decidir a segunda melhor alternativa (ver p. 43). Também precisa identificar e evitar ações que a impediriam de completar a tarefa.

Planejando adiantado
Para completar a tarefa, o robô a divide em uma sequência de passos individuais.

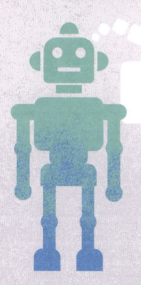

1. Identificar caixa
O movimento inicial do robô é encontrar a caixa azul em seus arredores.

2. Localizar rampa
O robô identifica que precisa de uma rampa para chegar à plataforma.

44 | PLANEJAMENTO E IA

AMBIENTE
O robô precisa subir na plataforma para alcançar a caixa azul.

Tarefa
O objetivo do robô é empurrar a caixa azul da beirada da plataforma.

3. Empurrar rampa
A rampa precisa estar adjacente à plataforma, então deve ser empurrada para o lugar certo.

4. Subir rampa
O robô pode agora usar a rampa para subir até a plataforma onde está a caixa azul.

5. Empurrar o bloco
Quando estiver na plataforma, o robô pode empurrar a caixa da beirada. A tarefa está completa.

Teorema de Bayes
A probabilidade de um evento acontecer – como fumaça acompanhar um incêndio – depende de eventos prévios, inclusive a frequência conhecida de fumaças e incêndios.

INCÊNDIO COM FUMAÇA
A probabilidade do evento A acontecer considerando que o evento B tenha acontecido. Por exemplo, a probabilidade de haver um incêndio quando existe fumaça presente.

$$P(A|B) =$$

LIDANDO COM INCERTEZAS

A maioria das IAs clássicas é baseada na ideia de que declarações lógicas (ver p. 37) são verdadeiras ou falsas – não há espaço para incerteza. Entretanto, a incerteza é uma característica inevitável da vida e pode ser incorporada às IAs usando o conceito de probabilidade. A probabilidade é um valor numérico do quanto algo tem chance de ocorrer. "Lógica probabilística" é qualquer método de lógica que leve probabilidade em conta. O estatístico inglês Thomas Bayes (1702–1761) desenvolveu um método, conhecido atualmente como Teorema de Bayes, para calcular a razoabilidade de um evento acontecer. Em vez de identificar a probabilidade do evento isoladamente, o teorema de Bayes a baseia no conhecimento anterior de condições relevantes.

FUMAÇA COM INCÊNDIO: A probabilidade do evento B acontecer considerando que o evento A tenha acontecido. Por exemplo, a chance de que haja fumaça acompanhando um incêndio.

INCÊNDIO: Probabilidade do evento A ocorrer. Por exemplo, com que frequência incêndios acontecem.

$$\frac{P(B|A)\, P(A)}{P(B)}$$

FUMAÇA: Probabilidade do evento B acontecer. Por exemplo, com que frequência há fumaça.

> "A teoria da probabilidade não passa de bom senso reduzido a cálculos."
> Pierre-Simon Laplace

PROBABILIDADE E IA | 47

MODELANDO MUDANÇAS

Uma cadeia de Markov é um modelo que descreve uma sequência de eventos possíveis em que a probabilidade de cada evento depende do estado que foi alcançado no evento anterior. O modelo prevê resultados com base nas regras da probabilidade (ver p. 46-47) e usando dados colhidos sobre o assunto relevante. Depois de treinado (ver p. 61), só precisa saber as condições do passado imediato (o estado anterior) para obter as informações relevantes e prever a probabilidade do próximo estado. Cadeias de Markov têm muitas aplicações em IA, desde prever padrões do tempo e condições do mercado financeiro a sistemas de texto preditivo.

48 | CADEIA DE MARKOV

Modelos deterministas
Em um modelo determinista, não há variáveis aleatórias. Os resultados de uma série de entradas vão estar relacionados de forma previsível.

Modelos estocásticos
Um modelo estocástico inclui variáveis aleatórias. Os resultados são bem menos previsíveis e não têm relação clara uns com os outros.

MODELANDO INCERTEZAS

Os modelos estocásticos permitem que IAs façam previsões relacionadas a processos e situações que são afetados por eventos de acaso, como mudanças no mercado de ações ou a taxa de crescimento de bactérias. Os fatores voláteis e em constante mutação desses cenários são representados por variáveis aleatórias, e a cada uma é designado um valor com base na probabilidade de ocorrer. Um modelo estocástico então processa milhares de combinações de variáveis e produz uma curva de distribuição que mostra a probabilidade de diferentes resultados sob diferentes circunstâncias.

CONSELHOS AUTOMATIZADOS

Programas de computador que replicam o conhecimento e as habilidades de argumentação de especialistas humanos são conhecidos como "sistemas especialistas". A informação que eles contêm é fornecida por especialistas humanos e é programada no sistema por um "engenheiro de conhecimento". Cada sistema tem três partes. A "base de conhecimento" contém fatos e regras usados por especialistas humanos sobre o assunto. O "motor de inferência" aplica as regras aos fatos na base de conhecimento para deduzir respostas às perguntas feitas pelos usuários. A "interface de usuário" aceita perguntas dos usuários e exibe as soluções encontradas pelo sistema. Sistemas especialistas podem responder a perguntas complexas e oferecem aos usuários acesso mais amplo a conselhos de especialistas. Eles são usados em muitas áreas, inclusive na medicina, onde relacionam sintomas a causas prováveis e tratamentos adequados.

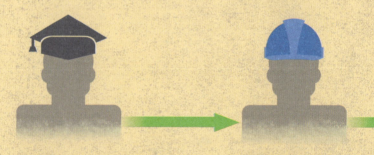

FASE DE CONSTRUÇÃO

Especialistas humanos
Especialistas providenciam conhecimento e regras para o sistema.

Engenheiro de conhecimento
O sistema especialista é programado por um engenheiro de conhecimento.

50 | SISTEMAS ESPECIALISTAS

> "Inteligência não é a capacidade de armazenar informações, mas de saber onde encontrá-las."
> Albert Einstein

ESTADO DE OPERAÇÃO

Usuário
O usuário faz uma pergunta e recebe uma resposta pela interface.

PERGUNTA / RESPOSTA

Motor de inferência
Um motor de inferência aplica regras a fatos na base de conhecimento, relacionando a pergunta de um usuário a respostas em potencial.

Base de conhecimento
Uma base de conhecimento é uma coleção organizada de dados sobre um assunto específico, como medicina.

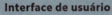

Interface de usuário
A interface de usuário é o software com o qual o usuário interage. Por exemplo, ele pode descrever sintomas e receber um diagnóstico.

Em ação
As três seções de um sistema especialista interagem para fornecer respostas ao usuário.

SISTEMAS ESPECIALISTAS | 51

DADOS BAGUNÇADOS

As IAs clássicas (ver p. 30) têm dificuldades com certas tarefas que os humanos acham simples. Programamos computadores para tarefas fundamentadas em raciocínio, como jogar xadrez, mas não para tarefas baseadas em reações sensório-motoras e em percepções, como pegar uma bola ou reconhecer um gato.

O programador austro-canadense Hans Moravec (1948–) argumentou que tarefas de raciocínio são fáceis de ensinar a computadores porque os humanos já decifraram os passos que são necessários para completá-las. Em contraste, as atividades sensório-motoras e perceptivas envolvem dados não estruturados ou "bagunçados", que exigem muito processamento. Para os humanos, essas tarefas são basicamente ações inconscientes, refinadas ao longo de milhões de anos de evolução cerebral, mas difíceis de dividir em uma série de etapas que um computador possa seguir.

SOLUÇÃO
Uma IA pode executar com facilidade tarefas de raciocínio, como resolver charadas que a maioria dos humanos teria dificuldade de resolver.

52 | BAGUNÇA

MANUSEIO — Um humano pode manipular facilmente um objeto físico, mas isso é um desafio complexo para IAs, particularmente as do modelo clássico.

BAGUNÇA | 53

ARRUMADA ×

Nos anos 1970, o teórico de IA Roger Schank (1946–2023) reparou que há dois tipos de pesquisa de IA, que chamou de "arrumada" (*neat*) e "desarrumada" (*scruffy*). A abordagem arrumada, que se tornou dominante desde então, constrói IAs programando computadores para seguirem regras matemáticas rigorosas. Essas regras permitem que IAs distingam entre tipos diferentes de dados e que os analisem usando algoritmos de aprendizado de máquina (ver p. 58-59). Redes neurais artificiais (RNAs, ver p. 76), por exemplo, são um triunfo da abordagem arrumada.

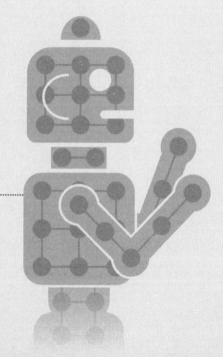

IA arrumada
Defensores da abordagem arrumada argumentam que as IAs são máquinas capazes de executar tarefas específicas com total confiabilidade. Eles também alegam que as IAs arrumadas chegarão a uma inteligência similar à humana.

PREVISÍVEL
Designers da abordagem arrumada seguem preceitos da física para construir IAs cujo comportamento seja previsível.

DESARRUMADA

Roger Schank definiu a abordagem "desarrumada" (scruffy) das IAs como um método no qual os pesquisadores fazem experiências com todos os tipos de modelos e algoritmos para elaborar programas que demonstram inteligência. Marvin Minsky (1927–2016) descreveu essa abordagem como sendo "analógica", e não lógica, pois abraça a ideia de que uma IA, como um ser humano, deve ser capaz de reconhecer que certos problemas são análogos (ou comparáveis) a outros problemas; em outras palavras, deve ter um tipo de bom senso.

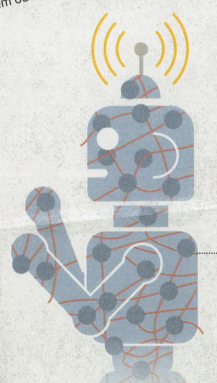

IA desarrumada
Defensores da abordagem desarrumada alegam que uma IA desarrumada tem mais chance de atingir a inteligência similar à do homem do que uma IA arrumada, porque há mais na inteligência humana do que apenas seguir regras.

MENOS PREVISÍVEL
Designers da abordagem desarrumada seguem preceitos da biologia para construir IAs que são menos previsíveis do que as arrumadas.

DOIS CAMPOS DA PESQUISA DE IA

INTELI
ARTIFI
ESTATÍ

GÊNCIA
CIAL
STICA

Nos anos 1990, muitos pesquisadores ficaram frustrados pelos resultados da IA clássica, focada em raciocínio lógico e dedutivo, e começaram a desenvolver técnicas estatísticas. Isso fez surgir a IA estatística, que permanece sendo o foco principal da pesquisa de IA atual. No cerne dessa abordagem há uma técnica chamada "aprendizado de máquina" (machine learning), que envolve usar conjuntos de dados para treinar modelos de IA (inclusive modelos que imitam o cérebro humano, conhecidos como "redes neurais artificiais") para executar tarefas sem exigir um engenheiro que as programe. Essa abordagem vem prosperando devido à disponibilidade de poderosos computadores e grandes conjuntos de dados.

INTELIGÊNCIA ARTIFICIAL

Ciência de desenvolver máquinas que podem agir e tomar decisões de forma "inteligente".

APRENDIZADO DE MÁQUINA

O aprendizado de máquina se concentra em treinar computadores para executarem tarefas sem a necessidade de programação explícita.

APRENDIZAGEM PROFUNDA

A aprendizagem profunda é o tipo mais sofisticado de aprendizado de máquina. Requer intervenção humana mínima e usa modelos de computador conhecidos como "redes neurais artificiais", que são baseados no cérebro humano.

> "Prever o futuro não é magia, é inteligência artificial."
> Dave Waters

ENSINANDO IAs A PENSAR

O aprendizado de máquina é uma forma de IA que permite que os sistemas de computador aprendam a executar tarefas sem serem explicitamente programados para isso. Os programadores podem escrever algoritmos que dizem ao computador precisamente quais passos seguir para completar tarefas simples. Entretanto, para tarefas mais complexas, como reconhecimento facial e compreensão de conversas faladas, é muito difícil escrever os algoritmos necessários; é aí que entra o aprendizado de máquina. Os algoritmos de aprendizado de máquina usam coleções de amostras de dados, conhecidos como dados de treino (ver p. 61), para construir modelos que façam previsões ou escolhas com base em dados novos. Existem muitos tipos de aprendizado de máquina, inclusive a aprendizagem profunda (p. 86), na qual as IAs imitam a estrutura e o comportamento de cérebros biológicos usando redes neurais artificiais (ver p. 76).

APRENDIZADO DE MÁQUINA | 59

COMPREENDER OS DADOS

A mineração de dados é um processo de descobrir padrões de informação em grandes conjuntos de dados (conjuntos de informação) com objetivo de tornar os dados úteis para tarefas específicas. Por exemplo, softwares de mineração de dados podem verificar os perfis médicos de milhares de pessoas para identificar as diagnosticadas como diabéticas e informá-las sobre novos tratamentos para a doença. A mineração de dados é uma disciplina ampla que usa cada vez mais técnicas de IA para processar volumes de dados que são grandes demais para humanos lidarem. Duas técnicas principais usadas são "agrupamento" (*clustering*) (ver p. 68) e "detecção de anomalias" (ver p. 69).

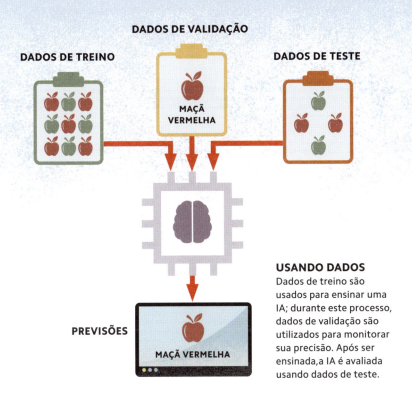

USANDO DADOS
Dados de treino são usados para ensinar uma IA; durante este processo, dados de validação são utilizados para monitorar sua precisão. Após ser ensinada, a IA é avaliada usando dados de teste.

MATERIAIS DE ENSINO

Dados de treino são dados usados durante o aprendizado de máquina (ver p. 58-59) para ensinar as IAs a executarem tarefas com precisão. São utilizados por programadores para testar, ajustar e fazer a sintonia fina da IA (ver p. 78-79) até produzir os resultados — ou saídas — esperados. "Dados de validação" também podem ser usados para avaliar com que precisão a IA processa os dados de treino durante o período de aprendizagem. Após a IA ser treinada, "dados de teste" são usados para avaliar a precisão dos resultados. O aprendizado de máquina requer uma grande quantidade de dados de treino, que podem ser rotulados ou não rotulados (ver p. 62-63).

CARACTERÍSTICAS

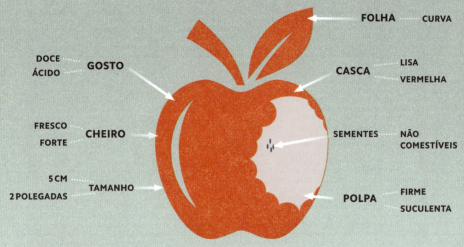

Marcando características
Um operador humano marca todos os dados que descrevem as características de maçãs "tipo A". A IA aprende que, juntas, essas características definem uma maçã "tipo A".

GANHO DE SIGNIFICADO

Uma "característica" é um aspecto, como um padrão de pixels, que uma IA pode usar como entrada para prever um rótulo, que se torna a saída. Em aprendizado de máquina supervisionado (ver p. 72), as IAs aprendem a associar características particulares a rótulos processando conjuntos de dados de treino (ver p. 61) que já foram rotulados por um operador humano. Por exemplo, se uma IA de reconhecimento de imagem treinada com fotografias rotuladas de animais receber como entrada uma foto de um animal com características como penas brancas, bico curvo e crista, a saída provavelmente vai ser um rótulo de "cacatua".

RÓTULOS

Prevendo rótulos
Sabendo todas as características de uma maçã "tipo A", a IA pode encontrá-la em uma base de dados de frutas e identificá-la com o rótulo "maçã A".

> "Um bebê aprende a engatinhar, andar e depois correr. Nós estamos no estágio de engatinhar no que concerne à aplicação de aprendizado de máquina."
> Dave Waters

CARACTERÍSTICAS E RÓTULOS | 63

PROCURANDO PADRÕES

O reconhecimento de padrões, que permite que IAs encontrem respostas em meio a enormes quantidades de dados, é uma das ferramentas mais versáteis no aprendizado de máquina (ver p. 58-59). A IA é programada para identificar padrões específicos ou similaridades mais amplas dentro dos dados, o que consegue fazer bem mais rápido do que um humano. O reconhecimento de padrões pode envolver encontrar e separar dados em classes definidas (ver p. 66) ou reunir dados similares de forma mais frouxa em "agrupamentos" (ver p. 68). Também pode ser usado para identificar como a mudança de entradas dentro de um modelo de IA vai afetar as saídas, o que é conhecido como "regressão" (ver p. 67).

64 | RECONHECIMENTO DE PADRÕES

SIM OU NÃO?

Uma árvore de decisão é um modelo do processo de tomada de decisões usado por IAs. Funciona por meio de perguntas para as quais as respostas só podem ser "sim" ou "não". Um tipo de árvore de decisão é a "árvore de classificação". Ao fazer repetidamente perguntas de sim ou não, a IA divide a "raiz" (conjunto de dados) em "ramos" menores (subconjuntos) que compartilham características até uma única "folha" (conclusão) ser alcançada, identificando uma classificação específica dentro dos dados. Árvores de decisão são comumente usadas em aprendizado de máquina (ver p. 58-59) e mineração de dados (ver p. 60).

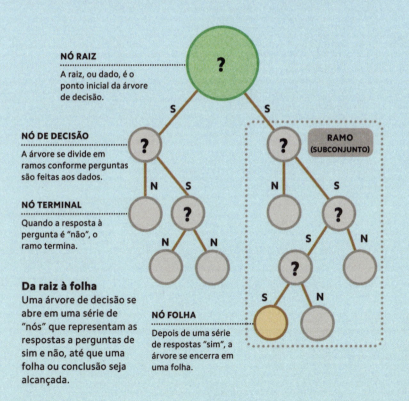

NÓ RAIZ
A raiz, ou dado, é o ponto inicial da árvore de decisão.

NÓ DE DECISÃO
A árvore se divide em ramos conforme perguntas são feitas aos dados.

NÓ TERMINAL
Quando a resposta à pergunta é "não", o ramo termina.

Da raiz à folha
Uma árvore de decisão se abre em uma série de "nós" que representam as respostas a perguntas de sim e não, até que uma folha ou conclusão seja alcançada.

NÓ FOLHA
Depois de uma série de respostas "sim", a árvore se encerra em uma folha.

ÁRVORES DE DECISÃO | 65

TIPOS DE DADOS

Um algoritmo que atribui rótulos a itens (ver p. 62-63) e os separa em categorias ou "classes" é conhecido como "classificador". Por um processo de aprendizagem supervisionada (ver p. 72), as IAs aprendem a classificar itens usando um conjunto de dados de treino rotulados (ver p. 61), com o qual elas aprendem a reconhecer os padrões associados a rótulos diferentes. Por exemplo, um filtro de spam aprende a detectar características de e-mails de spam e não spam a partir de uma coleção de e-mails rotulados. Com base nesses dados de treino, a IA pode automaticamente atribuir os rótulos "spam" ou "não spam" a novos e-mails.

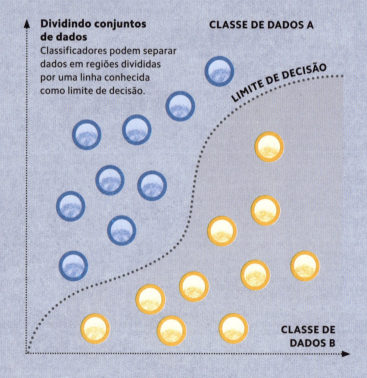

Dividindo conjuntos de dados
Classificadores podem separar dados em regiões divididas por uma linha conhecida como limite de decisão.

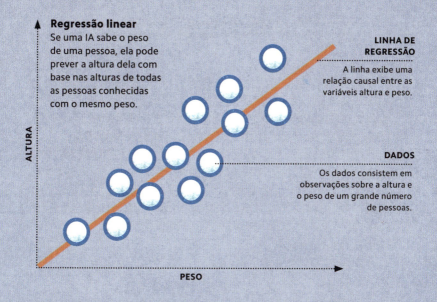

A LINHA DO MELHOR AJUSTE

Regressão é um processo usado em muitos campos, inclusive no aprendizado de máquina (ver p. 58-59), no qual um algoritmo é usado para prever o comportamento de uma ou mais variáveis dependendo do valor de outra variável. É utilizada em muitas aplicações de aprendizagem supervisionada (p. 72), particularmente as elaboradas para encontrar relações causais entre algumas variáveis. Por exemplo, pode ser usada para prever qual vai ser a temperatura do dia seguinte considerando a umidade, a velocidade do vento e a pressão atmosférica atuais, assim como dados sobre como as quatro variáveis se comportaram no passado. A "regressão linear" é a forma mais comum de análise de regressão e é usada particularmente nos campos de finanças e economia.

AGRUPANDO DADOS

Clustering, ou agrupamento, é o processo de dividir um conjunto de dados em grupos diferenciados com base em características comumente compartilhadas. É uma técnica de aprendizado de máquina não supervisionada (ver p. 73), o que quer dizer que é executada por IAs sobre conjuntos de dados de treino brutos, não rotulados. O clustering é especialmente útil para compreender o comportamento humano. Por exemplo, uma empresa pode usá-lo para separar os clientes em grupos distintos, com base nos históricos de compras, para que possa oferecer promoções de forma mais eficiente.

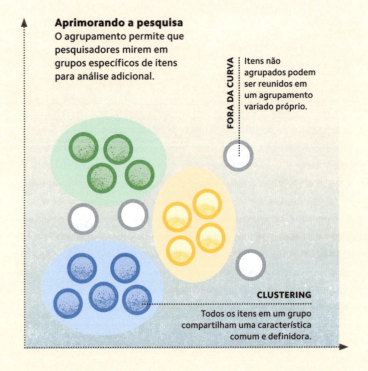

Aprimorando a pesquisa
O agrupamento permite que pesquisadores mirem em grupos específicos de itens para análise adicional.

FORA DA CURVA
Itens não agrupados podem ser reunidos em um agrupamento variado próprio.

CLUSTERING
Todos os itens em um grupo compartilham uma característica comum e definidora.

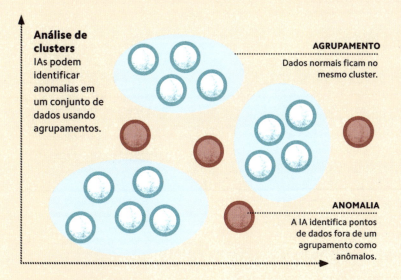

ESTRANHO NO NINHO

Detecção de anomalias é o processo de identificar dados incomuns (ou "anômalos") em um conjunto de dados. Isso quer dizer que a IA procura itens que não se encaixem em um padrão ou modelo particular construído a partir dos dados de treino. Muitas anomalias são causadas por erros nos dados, como unidades inseridas incorretamente ou uma inconsistência no tipo de medida usada. Nesses casos, é importante encontrar a anomalia para que possa ser corrigida ou removida do conjunto de dados. Entretanto, anomalias também podem chamar atenção para problemas sérios que estão além do escopo dos dados, como mau funcionamento do software ou cibercriminosos estarem hackeando a IA (ver p. 96-97).

O RESULTADO MAIS PROVÁVEL?

Os modelos de aprendizado de máquina (ver p. 58-59) podem fazer previsões analisando padrões em dados históricos. Em IA, uma previsão é a saída de um modelo que avalia as chances de um resultado em particular. Por exemplo, se um cliente compra um certo item on-line, uma IA pode usar dados de compras anteriores, tanto do próprio cliente quanto de outros, para prever diversos itens que ele pode querer. Porém, a previsão nem sempre envolve antever um evento futuro. Também pode ser usada para dar "palpites" sobre eventos no passado e no presente, como se uma transação foi fraudulenta (ver p. 98) ou se um raio-X indica a presença de uma doença (ver p. 102).

Compra do cliente
Um cliente compra um produto de um vendedor on-line – por exemplo, uma escova de dentes.

Perfil de cliente
A IA constrói um perfil do cliente analisando seu comportamento on-line e seu histórico de compras.

Itens similares
A IA identifica uma seleção de itens comprados com frequência junto do produto, tanto pelo próprio cliente como por outros.

Previsão
A IA prevê e recomenda itens relacionados que o cliente pode querer – por exemplo, pasta de dentes e enxaguatório bucal.

Perfis similares
A IA compara o perfil do cliente a um grande número de outros perfis para encontrar correspondências.

Previsão
A IA usa o histórico de compras de perfis similares para prever outros itens pelos quais o cliente pode se interessar.

PREVISÕES | 71

APRENDIZADO DE MÁQUINA COM DADOS "ROTULADOS"

A aprendizagem supervisionada é um tipo de aprendizado de máquina no qual uma IA é treinada usando um conjunto de dados de treino "rotulados" (ver p. 61). Os dados de entrada e saída são rotulados por um humano, para que a IA possa aprender a relação entre eles. As entradas, saídas e a regra que as relaciona são coletivamente conhecidas como "função". Durante o treino, pesos (ver p. 78) são ajustados para fazer a função encaixar nos dados de treino. A função resultante pode ser usada para prever saídas com base em novas entradas. A aprendizagem supervisionada pode ser usada para classificação (ver p. 66) e regressão (ver p. 67).

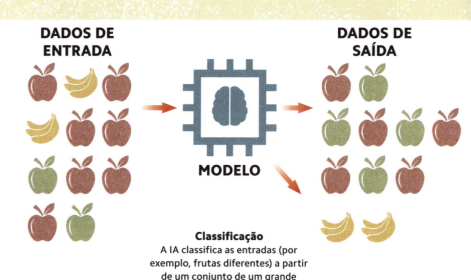

Classificação
A IA classifica as entradas (por exemplo, frutas diferentes) a partir de um conjunto de um grande conjunto de dados não rotulados.

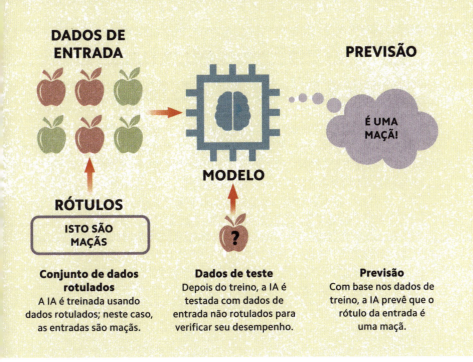

Conjunto de dados rotulados
A IA é treinada usando dados rotulados; neste caso, as entradas são maçãs.

Dados de teste
Depois do treino, a IA é testada com dados de entrada não rotulados para verificar seu desempenho.

Previsão
Com base nos dados de treino, a IA prevê que o rótulo da entrada é uma maçã.

APRENDIZADO DE MÁQUINA COM DADOS "BRUTOS"

A aprendizagem não supervisionada é usada para descobrir estruturas escondidas em conjuntos de dados brutos, não rotulados. Apesar de as IAs não entenderem a relevância dessas estruturas, elas ainda podem ter significado no mundo real. Essa abordagem é útil nos estágios iniciais da mineração de dados (ver p. 60) para encontrar padrões em conjuntos de dados grandes e não rotulados, que podem então ser sujeitados à interpretação humana. Um método intermediário, a aprendizagem semissupervisionada, usa conjuntos de dados parcialmente rotulados e dá melhores resultados do que a aprendizagem totalmente não supervisionada.

APRENDENDO A PARTIR DE FEEDBACK

Aprendizado por reforço é uma abordagem ao aprendizado de máquina (ver p. 58-59) no qual uma IA é ensinada a executar uma tarefa por tentativa e erro. Para tal, a IA é programada para reconhecer "recompensas" e "punições", ou seja, feedbacks positivos ou que variam de acordo com seu sucesso ou fracasso. A IA aprende que ter sucesso é uma coisa boa e que fracassar é ruim, e refaz repetidamente a tarefa até conseguir a recompensa. Com este tipo de treinamento, um veículo autônomo (ver p. 122), por exemplo, vai ser punido (feedback negativo) até aprender a não furar um sinal vermelho.

Tentativa e erro
A IA aprende a ser bem-sucedida em uma tarefa a partir das consequências de suas ações. Vai procurar recompensas e evitar punições até que a tarefa seja concluída.

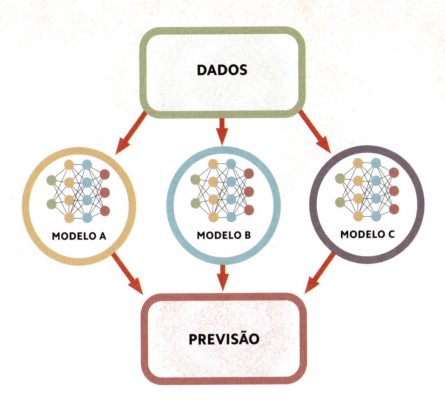

TRABALHANDO JUNTOS

O aprendizado por combinação (ensemble learning) se baseia na ideia de que combinar as saídas de múltiplos algoritmos de aprendizado de máquina produz melhores resultados do que um modelo único é capaz. Usar dois ou mais modelos que foram construídos e treinados de jeitos diferentes, por exemplo, com conjuntos de dados diferentes pode "cancelar" as fraquezas individuais deles e gerar previsões mais precisas. O aprendizado por combinação pode ser usado para "ensinar" um modelo específico a melhorar o desempenho preditivo, mas também para avaliar a sua confiabilidade e impedir que um modelo ruim seja selecionado.

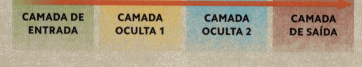

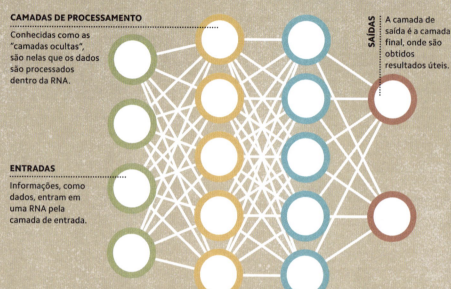

| CAMADA DE ENTRADA | CAMADA OCULTA 1 | CAMADA OCULTA 2 | CAMADA DE SAÍDA |

CAMADAS DE PROCESSAMENTO
Conhecidas como as "camadas ocultas", são nelas que os dados são processados dentro da RNA.

ENTRADAS
Informações, como dados, entram em uma RNA pela camada de entrada.

SAÍDAS
A camada de saída é a camada final, onde são obtidos resultados úteis.

O CÉREBRO IA

As redes neurais artificiais (RNAs) são modelos de aprendizado de máquina baseados em algoritmos (ver p. 14). A estrutura delas é similar à do cérebro, consistindo em nós interconectados (neurônios artificiais) que são organizados em múltiplas "camadas". Os nós dentro de cada camada recebem, processam e enviam dados para a camada seguinte da rede, até uma saída ou resultado ser produzido. Cada nó funciona como um microprocessador individual que pode ser reprogramado para lidar com os dados da forma desejada. Usando dados de treino (ver p. 61), os programadores podem ensinar a RNA a "aprender" como gerar resultados ou saídas esperadas.

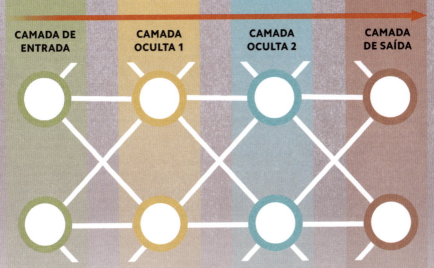

Camada de entrada
A camada de entrada leva os dados iniciais para a rede.

Camadas ocultas múltiplas
Dados são processados dentro das camadas "escondidas", passando pela rede de uma camada para outra.

Camada de saída
Os dados processados saem da rede pela camada de saída.

ESTRUTURA DE REDE

Redes neurais artificiais (RNAs) são estruturadas em "camadas": coleções de nós de processamento que operam juntos. Dados fluem dos nós de uma camada para os nós da próxima. A primeira sempre contém a "entrada". Em seguida, vem pelo menos uma camada "oculta", na qual o processamento acontece. Essas camadas são ocultas no sentido de que os dados não são visíveis para um usuário da mesma forma que as entradas e saídas da rede. Todas as RNAs compartilham dessa estrutura básica, mas algumas são mais complexas: redes neurais recorrentes (ver p. 85) geram conexões entre nós nas camadas seguintes ou anteriores, enquanto redes neurais profundas (ver p. 86) podem ter centenas de camadas ocultas.

ATRIBUINDO IMPORTÂNCIA

Algoritmos de IA possuem variáveis (valores matemáticos que podem mudar) que determinam como dados são processados dentro de uma rede neural artificial (RNA, ver p. 76). Ao projetar e treinar uma RNA, os programadores podem dar às variáveis mais ou menos influência dentro do algoritmo. Essa influência é conhecida como "peso". Quanto mais peso uma entrada tem, maior é a influência dela na saída. O "viés" determina o nível mínimo a partir do qual as variáveis se tornam significativas. Ajustar os pesos e vieses permite que a RNA seja afinada para dar resultados mais precisos.

DEVO COMER UMA MAÇÃ DE LANCHE?

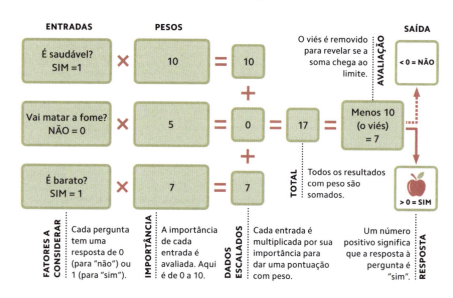

78 | PESOS

OBJETIVOS E LIMITES

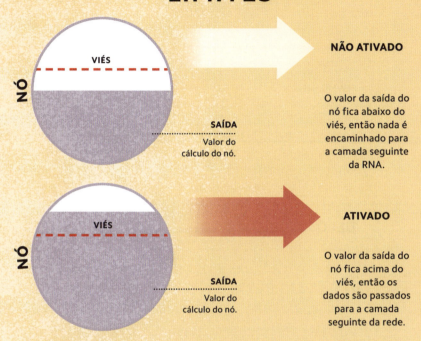

Uma rede neural artificial (RNA, ver p. 76) é feita de camadas de "nós", que recebem e processam dados. Antes que um nó passe informações para a camada seguinte de nós, seus dados de saída precisam chegar a um certo valor. Esse valor, essencialmente uma pontuação numérica determinada pelo projetista da RNA, é conhecido como "viés". O nó só pode "ativar" e passar os dados de saída quando o viés é atingido. Se o nó não for ativado, o caminho da transmissão de dados é interrompido. Também pode-se criar vieses diferentes para direcionar dados para nós específicos na camada seguinte da RNA.

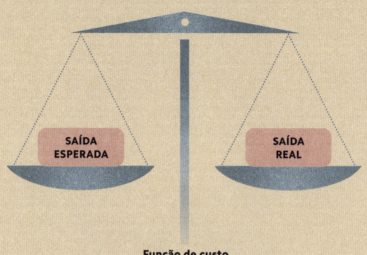

Função de custo
A diferença entre as saídas "esperada" e "real" mede o desempenho do modelo. O objetivo é que sejam iguais.

MEDINDO O SUCESSO

O desempenho de um modelo de aprendizado de máquina, como uma rede neural artificial (ver p. 76), pode ser avaliado pela "função de custo". Trata-se de uma medida da mudança que ocorre durante o treino entre as saídas reais do modelo e as saídas esperadas pelo programador. Essa diferença, chamada de "custo", é expressa como um número. Quanto maior o número, maior a distância entre as saídas "real" e "prevista", e mais fraco é o modelo. Conforme o modelo aprende, o custo se reduz e o desempenho melhora. O treino está completo quando o custo é zero ou o mais próximo possível de zero.

MELHORANDO O DESEMPENHO

Um modelo de aprendizado de máquina melhora o próprio desempenho afinando as configurações. Em vez de ter que processar quantidades enormes de dados, o modelo pode começar em um ponto aleatório dos dados e "abrir caminho" em direção a uma solução melhor. O algoritmo que o treina para fazer isso é conhecido como "método do gradiente". Cada vez que o modelo ajusta as configurações, o método do gradiente avalia o sucesso usando a "função de custo". Desenhar o gradiente da função de custo em um gráfico revela uma curva. O modelo reduz a função de custo seguindo o declive mais íngreme para baixo. Quando a inclinação se nivela na horizontal, o modelo está tão bom quanto possível e cessa o aprendizado.

PONTO DE PARTIDA
De um ponto aleatório, o modelo viaja pelo declive mais íngreme para baixo.

Tentativa e erro
Usando feedback de um algoritmo de método do gradiente, o modelo aprimora as configurações até chegar ao melhor desempenho.

VERIFICAÇÃO
Em cada ponto, a descida do gradiente diz ao modelo como ele está se saindo.

ALÉM DO PONTO MÍNIMO
Se a função de custo aumenta, o modelo dá um pequeno passo para trás.

PEQUENOS PASSOS
Quando a inclinação se aplaina, os degraus diminuem para evitar ultrapassar o ponto mínimo.

A menor função de custo possível é quando o gradiente é zero.
DESTINO

MÉTODO DO GRADIENTE | 81

REFINANDO O MODELO

A "regra delta" permite que uma rede neural artificial (RNA, ver p. 76) de camada única melhore seu desempenho refinando as configurações. Faz uso do "método do gradiente" (ver p. 81) para identificar as melhores escolhas para aprimorar o modelo. Quando a saída do modelo se aproxima da saída esperada, pequenos ajustes são executados, até que as saídas estejam o mais perto possível uma da outra. Retropropagação (ver p. 84) é uma forma generalizada da regra delta que se aplica a RNAs com qualquer número de camadas.

1. Testar o modelo
Rodar a RNA usando dados de treino (ver p. 61). O resultado se chama "dados de teste".

2. Calcular a função de custo
Comparar os dados de teste com os dados de treino. A diferença é a função de custo. (ver p. 80).

3. Usar o algoritmo de declive de gradiente
Determina em qual direção as configurações do modelo devem se mover para obter uma função de custo mais baixa.

4. Atualizar o modelo
Consertar as configurações na RNA com base no feedback do declive de gradiente.

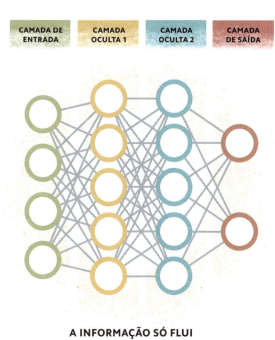

REDE DE MÃO ÚNICA

Uma "rede neural feedforward" (RNF) é uma rede neural artificial (RNA, ver p. 76) simples na qual a informação só segue para a frente e pelas camadas ocultas, partindo da camada de entrada até a camada de saída. As conexões entre os nós em uma RNF não formam "loops para trás"; ou seja, as saídas não servem de realimentação para a entrada, como acontece em uma rede neural recorrente (RNR, ver p. 85). A forma mais básica de rede neural feedforward é um único neurônio artificial (ver p. 21), que passa por aprendizado de máquina usando o método do gradiente (ver p. 81).

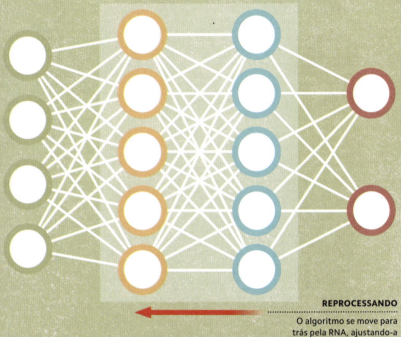

| CAMADA DE ENTRADA | CAMADA OCULTA 1 | CAMADA OCULTA 2 | CAMADA DE SAÍDA |

REPROCESSANDO
O algoritmo se move para trás pela RNA, ajustando-a camada por camada.

DADOS DE AJUSTE FINO

A retropropagação é um tipo de algoritmo que é usado para treinar redes neurais artificiais (RNAs, ver p. 76), especificamente as redes neurais feedforward (ver p. 83). É conhecida como retropropagação porque começa na camada final (saída) e se move no caminho reverso em direção à primeira camada (entrada). Durante esse processo, os nós são reprogramados ajustando seus pesos (ver p. 78) e vieses (ver p. 79), usando o método do gradiente (ver p. 81) para verificar se aumentá-los ou diminuí-los vai produzir resultados melhores. Isso tem o efeito de ajustar a RNA para gerar saídas mais precisas de modo geral.

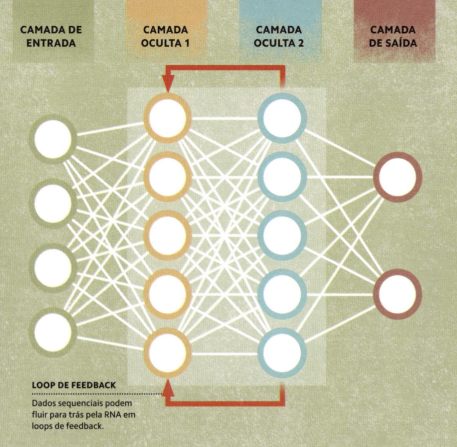

LOOP DE FEEDBACK
Dados sequenciais podem fluir para trás pela RNA em loops de feedback.

DADOS ESTRUTURADOS

Uma rede neural recorrente (RNR) é um tipo de RNA na qual os dados podem se mover para trás em um "loop de feedback". As RNRs processam dados sequenciais (que precisam estar em uma ordem específica), como a linguagem. Enquanto as RNAs tradicionais processam pontos de dados individuais para gerar um resultado, as RNRs mantêm a estrutura e as relações essenciais como dados sequenciais, de modo a mantê-los intactos. Assim, as RNRs podem prever a próxima saída de uma sequência. São muito usadas em tarefas de processamento de linguagem natural (ver p. 112-113), inclusive o treino de assistentes virtuais para desenvolverem conversas faladas.

REDES NEURAIS RECORRENTES | 85

CONSTRUINDO UM CÉREBRO

A aprendizagem profunda é uma forma poderosa de aprendizado de máquina baseada em redes neurais artificiais (RNAs, ver p. 76). Usa RNAs com muitas camadas ocultas, conhecidas como redes neurais profundas (RNPs), para identificar características cada vez mais importantes nos dados de entrada. Como com as RNAs, os dados passam da camada de entrada para as camadas ocultas, nas quais os nós os recebem, processam e transmitem para outro nó na camada seguinte. Com tantas camadas, as RNPs processam dados de forma muito precisa e rápida, e podem fazer previsões seguras. Elas são usadas em muitos procedimentos de IA complexos, como no processamento de linguagem natural (ver p. 112-113).

MÚLTIPLAS CAMADAS Redes neurais profundas têm muitas camadas de nós para executar tarefas complexas.

CAMADA DE SAÍDA

CAMADAS OCULTAS

CAMADA DE ENTRADA

86 | APRENDIZAGEM PROFUNDA

IA CONTRA IA

Uma "rede generativa adversarial" (GAN na sigla em inglês) é um modelo de aprendizado de máquina que usa duas redes neurais artificiais (RNAs, ver p. 76) em competição. Uma RNA, o "gerador", usa dados de treino não rotulados (ver p. 61) fornecidos pelo programador, para criar novos dados falsos que alimentam a segunda RNA, o "discriminador". Este tenta identificar os dados falsos. Se conseguir, o gerador tenta de novo, criando dados falsos mais difíceis de distinguir dos reais. Se o discriminador falhar, ele tenta de novo identificar os dados falsos. Esse processo é repetido muitas vezes, e permite que a IA evolua sozinha. As GANs são especialmente úteis para aprendizado não-supervisionado (ver p. 73) e aprendizado por reforço (p. 74).

Aprendizado de máquina
Os dados falsos do gerador não são convincentes o bastante. Ele tenta de novo, melhorando gradualmente a qualidade dos dados falsos.

Localizados
Os dados falsos são identificados.

Não localizados
Os dados falsos não são identificados.

GERADOR
Essa RNA produz dados falsos para enganar o discriminador.

DISCRIMINADOR
Essa RNA tenta identificar os dados falsos em meio aos dados reais.

Aprendizado de máquina
O discriminador não identificou os dados falsos. Ele faz tentativas até conseguir, aprendendo no processo.

REDE ADVERSARIAL GENERATIVA | 87

PROCESSANDO DADOS VISUAIS

Uma rede neural convolucional (RNC) é um tipo de rede neural profunda (ver p. 86) que se parece com a estrutura do córtex visual: a parte do cérebro que recebe e analisa as informações do olho. As RNCs são ferramentas eficientes de visão computacional (ver p. 110), pois podem ser ensinadas a reconhecer características em imagens de entrada, como as orelhas pontudas dos gatos. Há três tipos de camadas (ver p. 77) em uma RNC. O primeiro tipo executa uma função chamada "convolução", que permite que as características em uma

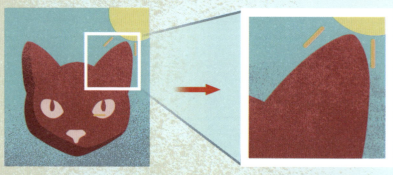

Entrada
A entrada na RNC é uma imagem, como a fotografia de um gato.

Convolução
A imagem recebe um filtro para produzir mapas de características. Isso permite que as características sejam detectadas em padrões de pixels.

> "Fico muito animado quando descobrimos uma forma de tornar redes neurais melhores… e quando isso tem uma relação próxima com o funcionamento do cérebro."
> Geoffrey Hinton

88 | REDES NEURAIS CONVOLUCIONAIS

imagem sejam detectadas. Essas camadas extraem primeiro características de nível baixo (linhas e contornos) antes de extraírem as de nível mais alto (formas). Elas trabalham passando um filtro sobre a imagem, que cria um "mapa" da localização de suas características. Entre cada convolução, há uma camada de "pooling", que reduz a complexidade dos mapas de características. Os dados são simplificados e passam por uma camada de "classificação" (ver p. 66), que identifica e rotula a imagem.

Pooling
A "sujeira" é retirada para reduzir a quantidade de processamento computacional necessário, e as características são separadas.

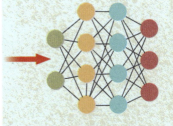

Classificação
Por um processo de classificação, a IA associa os dados das camadas anteriores a uma imagem.

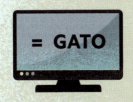

Saída
A IA identifica a fotografia como a de um gato.

MÃO
MASS

Assim como a computação, a IA se tornou uma tecnologia de aplicação geral com utilidade em campos variados, desde as belas-artes ao design de armamentos de alta tecnologia. É mais eficiente quando usada como ferramenta para ajudar (em vez de substituir) especialistas humanos e quando precisa lidar com quantidades enormes de dados, como ocorre com a Internet das Coisas (IdC). Em seu ápice, pode executar tarefas com velocidade e precisão sobre-humanas. Às vezes, basta uma técnica de IA para executar uma tarefa, ao passo que há aplicações que requerem uma combinação de técnicas. Por exemplo, veículos autônomos incorporam muitas técnicas de IA de campos diferentes, entre elas visão computacional alinhada a tecnologias de sonar, radar e GPS.

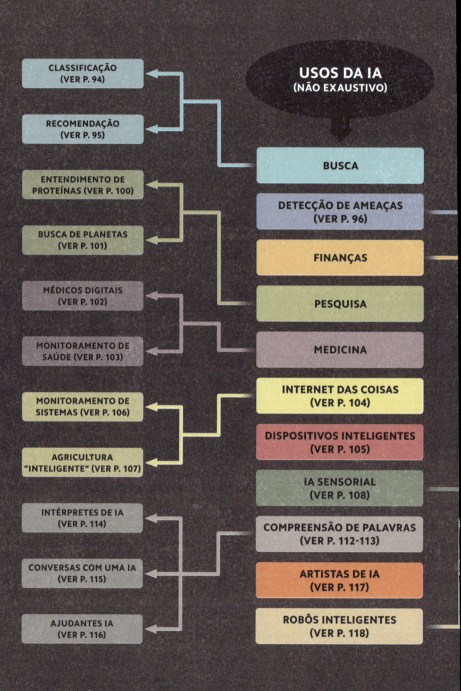

92 | APLICAÇÕES DA IA

- ATAQUES ON-LINE (VER P. 97)
- DETECÇÃO DE FRAUDES (VER P. 98)
- IA EM FINANÇAS (VER P. 99)
- PROCESSAMENTO DE SONS (VER P. 109)
- SIMULAÇÃO DE VISÃO (VER P. 110)
- RECONHECIMENTO FACIAL (VER P. 111)
- COMPANHEIROS DE IA (VER P. 119)
- MOVIMENTO E MOBILIDADE (VER P. 120)
- DESTREZA MANUAL (VER P. 121)
- VEÍCULOS AUTÔNOMOS (VER P. 122)
- IA E GUERRA (VER P. 123)

> "Um mundo conduzido por autômatos não parece mais completamente irreal."
> Gemma Whelan

MIL E UMA UTILIDADES

Seja por meio de telefones celulares ou por assistentes virtuais, nós interagimos com aplicativos de IA em toda parte, muitas vezes sem perceber. O uso desses aplicativos mudou a forma como trabalhamos, consumimos e nos comunicamos, e revolucionou muitas áreas, desde o mercado financeiro e da saúde até a agricultura. Outras tecnologias de IA, como a IA generativa e as armas autônomas, ainda estão na infância, mas logo serão de uso comum.

APLICAÇÕES DA IA | 93

CLASSIFICAÇÃO

Quando uma ferramenta de busca da internet é usada, rankings gerados por IA determinam os sites que irão aparecer em posição mais alta nos resultados. Alguns algoritmos de classificação localizam e classificam sites que contêm os mesmos termos, ou "palavras-chave", que foram inseridos no mecanismo de busca pelo usuário. Os que tiverem mais correspondências aparecem primeiro. Outros algoritmos ordenam os sites em posição mais elevada se forem acessados de muitos outros sites ou se forem especialmente populares.

BEM CONECTADO: Um site que é ligado a muitos outros sites é classificado em posição elevada.

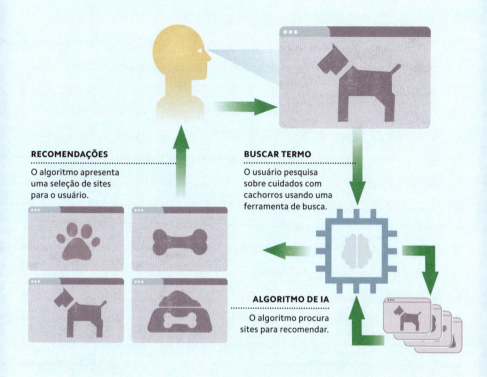

RECOMENDAÇÃO

Com base no histórico de buscas de um usuário de internet, assim como de outros, os algoritmos de recomendação por IA têm a capacidade de sugerir sites e produtos de interesse do usuário. Isso pode envolver sugerir conteúdo similar ao que o usuário viu ou oferecer sites que usuários similares acessaram. Para tal, os algoritmos fazem previsões (ver p. 70-71). Por exemplo, se um internauta pesquisou dicas sobre cuidados com cachorros, o algoritmo de IA vai prever que ele tem ou quer ter um cachorro. A IA então buscará por sites e produtos populares associados a cachorros.

CONTEÚDO SOB MEDIDA | 95

DETECÇÃO DE AMEAÇAS

Os softwares tradicionais usados por especialistas em cibersegurança procuram "assinaturas" conhecidas de malware, bloqueiam os arquivos de malware que detectam e emitem alertas. Incorporar uma IA ao sistema permite identificar e categorizar ameaças novas e modificadas (malware de "dia-zero") que de outra forma seriam indetectáveis, por não corresponderem a nenhuma assinatura conhecida. Isso é um desenvolvimento vital da cibersegurança, considerando a velocidade com que surgem novas ameaças. IAs também têm potencial de prever como e onde um sistema pode ser violado, além de ajudar a responder a invasões.

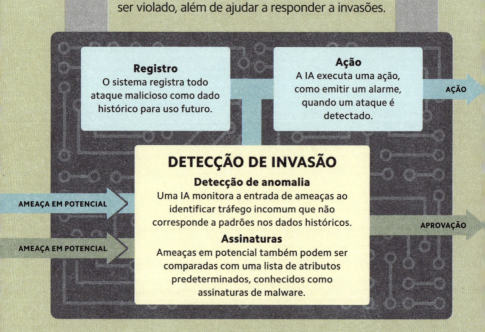

Registro
O sistema registra todo ataque malicioso como dado histórico para uso futuro.

Ação
A IA executa uma ação, como emitir um alarme, quando um ataque é detectado.

AÇÃO

DETECÇÃO DE INVASÃO

Detecção de anomalia
Uma IA monitora a entrada de ameaças ao identificar tráfego incomum que não corresponde a padrões nos dados históricos.

Assinaturas
Ameaças em potencial também podem ser comparadas com uma lista de atributos predeterminados, conhecidos como assinaturas de malware.

AMEAÇA EM POTENCIAL

AMEAÇA EM POTENCIAL

APROVAÇÃO

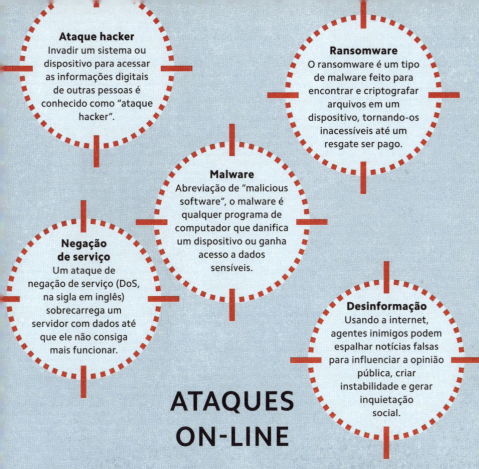

ATAQUES ON-LINE

Ataque hacker
Invadir um sistema ou dispositivo para acessar as informações digitais de outras pessoas é conhecido como "ataque hacker".

Ransomware
O ransomware é um tipo de malware feito para encontrar e criptografar arquivos em um dispositivo, tornando-os inacessíveis até um resgate ser pago.

Malware
Abreviação de "malicious software", o malware é qualquer programa de computador que danifica um dispositivo ou ganha acesso a dados sensíveis.

Negação de serviço
Um ataque de negação de serviço (DoS, na sigla em inglês) sobrecarrega um servidor com dados até que ele não consiga mais funcionar.

Desinformação
Usando a internet, agentes inimigos podem espalhar notícias falsas para influenciar a opinião pública, criar instabilidade e gerar inquietação social.

O uso de ciberataques para atingir uma nação é conhecido como "guerra cibernética". É possível infligir danos sérios a um país remotamente, atrapalhar serviços essenciais e infraestruturas críticas, como redes elétricas, ao desabilitar os sistemas de informação que os controlam. As táticas incluem ataques de negação de serviço (DoS), malwares como vírus e ransomware, campanhas de desinformação e investidas hackers patrocinadas por Estados. A IA é usada para aprimorar esses ataques, e os torna mais rápidos e sofisticados. Por exemplo, é muito difícil de detectar um malware criado por IAs, pois ele usa aprendizado de máquina (ver p. 58-59) para encontrar fraquezas no sistema de segurança de um dispositivo e o ataca fingindo se tratar de um erro acidental, para então causar danos.

GUERRA CIBERNÉTICA | 97

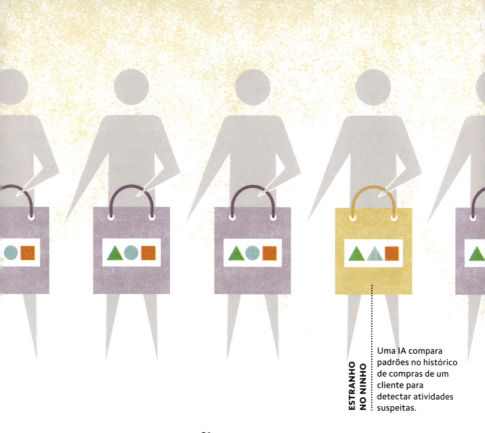

ESTRANHO NO NINHO: Uma IA compara padrões no histórico de compras de um cliente para detectar atividades suspeitas.

DETECÇÃO DE FRAUDES

Instituições financeiras estão adotando sistemas de IA para detectar e prevenir fraudes. Esses sistemas conseguem processar quantidades enormes de dados relacionados a transações anteriores e aprendem os padrões de comportamento dos clientes de um banco. Quando são feitas transações que não se encaixam no padrão (ver p. 69), uma IA pode sinalizar que é algo a ser investigado ou tomar outras ações, como bloquear a conta do cliente. Uma IA pode avaliar a probabilidade de cada transação ser fraudulenta e alertar quando a classificação exceder certo limite.

IA EM FINANÇAS

Negociação de alta frequência (HFT, na sigla em inglês) é o uso de algoritmos especializados para tomar decisões de investimento e fazer transações em velocidade sobre-humana, com milhões de negociações todos os dias. Algumas instituições financeiras gerenciam portfólios de investimentos inteiros usando HFT. Ao avaliar grandes quantidades de dados de mercado em tempo real, é possível identificar as melhores ações para comprar e vender, o melhor horário e executar as transações com extrema velocidade. Para ajudar a informar suas decisões, a HFT pode usar processamento de linguagem natural (NLP, na sigla em inglês, ver p. 112-113) para analisar relatórios de notícias e redes sociais.

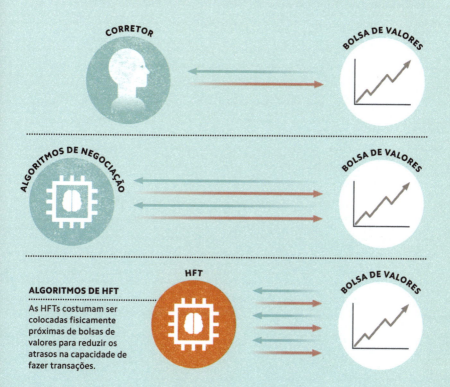

ALGORITMOS DE HFT

As HFTs costumam ser colocadas fisicamente próximas de bolsas de valores para reduzir os atrasos na capacidade de fazer transações.

TRADE COM ALGORITMOS | 99

ENTENDIMENTO DE PROTEÍNAS

As IAs não só aceleram o trabalho tedioso, como também ajudam a abrir novos campos de pesquisa científica. Por exemplo, usando aprendizagem profunda e dados experimentais meticulosamente coletados, os cientistas ensinaram as IAs a preverem a estrutura 3D de "proteínas enoveladas", as unidades básicas da vida, com precisão atômica. Antes, os cientistas não sabiam dizer como a química de uma proteína determinava sua estrutura enovelada. O "problema de enovelamento de proteína" era tão complexo que permaneceu sem solução por décadas. Hoje em dia, entender como essas proteínas funcionam transformou a pesquisa médica e acelerou o desenvolvimento de novas drogas.

PESQUISA MÉDICA

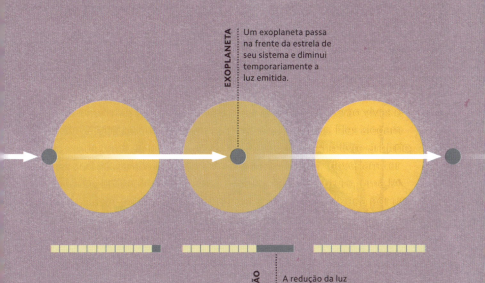

EXOPLANETA: Um exoplaneta passa na frente da estrela de seu sistema e diminui temporariamente a luz emitida.

DIMINUIÇÃO DE LUZ: A redução da luz provocada por um exoplaneta em órbita possui padrão mensurável.

PROCURANDO PLANETAS

A IA é uma ferramenta poderosa em pesquisa científica e permite que especialistas procurem fenômenos interessantes em quantidades enormes de dados. Por exemplo, na astronomia, as IAs são usadas para classificar galáxias, procurar ondas gravitacionais e identificar exoplanetas com grande precisão. Um exoplaneta é qualquer planeta fora do nosso sistema solar. Ao medir a quantidade de luz estelar bloqueada em determinado tempo, uma rede neural artificial (ver p. 76) consegue reconhecer se esse padrão é causado por um planeta em órbita. Centenas de exoplanetas foram descobertos usando IAs dessa forma.

MÉDICOS DIGITAIS

A IA está se tornando uma ferramenta poderosa para ajudar médicos. O aprendizado de máquina e, principalmente, a aprendizagem profunda (ver p. 86) se tornaram eficientes para identificar doenças em exames de imagem, inclusive para encontrar sinais de câncer em tomografias computadorizadas e detectar problemas de retina causados por diabetes a partir de fotografias dos olhos. Também pode identificar risco alto de certas doenças, priorizar casos urgentes e ajudar médicos na seleção de tratamentos.

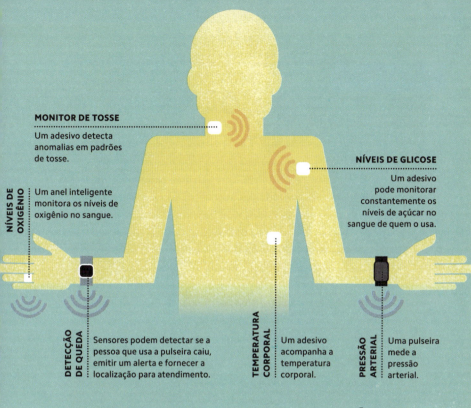

MONITORANDO A SAÚDE

As IAs têm um papel importante em um novo campo da medicina: a "telemedicina". Ao usar sensores que monitoram funções corporais vitais, como pressão arterial e níveis de oxigênio, uma pessoa pode seguir o dia sabendo que, se um sensor detectar um problema, ele vai enviar um sinal para o assistente digital (um aplicativo no celular ou no computador) que, por sua vez, pela internet, vai alertar uma IA em um centro de saúde. Essa IA vai, então, comparar o relatório do assistente digital com dados do paciente e alertar um médico, se necessário. Essa tecnologia pode detectar problemas que uma pessoa talvez nem perceba. De um modo mais geral, as tecnologias de IA também podem ser usadas para monitorar o condicionamento físico e o bem-estar geral das pessoas.

IA E CUIDADOS DE SAÚDE | 103

INTERNET DAS COISAS

A "Internet das Coisas" (IdC) é a rede de dispositivos interconectados – não só celulares e computadores, como também geladeiras inteligentes, veículos autônomos, monitores de atividades físicas, câmeras de segurança e dezenas de bilhões de outros itens – que coleta e troca dados pela internet. Devido à enorme quantidade de dados que esses dispositivos coletam (e à exigência de que respondam de forma apropriada aos usuários e ao ambiente), IAs foram integradas à IdC. Um medidor de energia inteligente, por exemplo, pode usar uma IA para identificar padrões no consumo de energia de um usuário e sugerir ajustes para reduzir a conta.

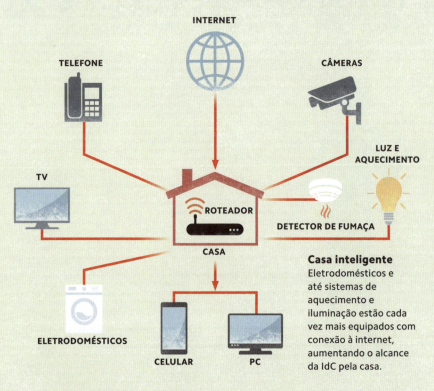

Casa inteligente
Eletrodomésticos e até sistemas de aquecimento e iluminação estão cada vez mais equipados com conexão à internet, aumentando o alcance da IdC pela casa.

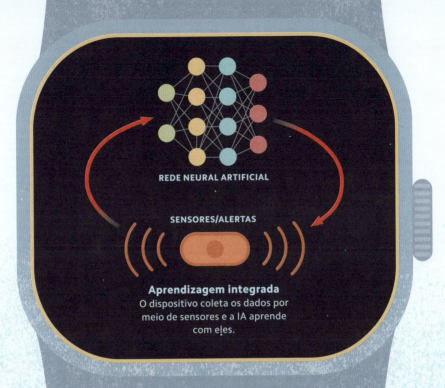

Aprendizagem integrada
O dispositivo coleta os dados por meio de sensores e a IA aprende com eles.

DISPOSITIVOS INTELIGENTES

A "inteligência" na Internet das Coisas (IdC) em geral fica armazenada em nuvens: sistemas computacionais remotos normalmente pertencentes a empresas de tecnologia. Porém, softwares de IA capazes de aprendizado de máquina e aprendizado profundo são cada vez mais integrados a celulares e relógios inteligentes. Usar IA integrada dispensa a necessidade contínua de enviar e receber dados da nuvem, reduz o uso de bateria, o tempo de processamento de dados, o risco de vazamento de informações e a necessidade de confiar em provedores de nuvem. Em dispositivos de monitoramento de tempo real (ver p. 106), a IA integrada permite detecção e resposta quase imediatas.

SISTEMAS DE MONITORAMENTO

A "Internet das Coisas" (ver p. 104) permite que as IAs monitorem todos os tipos de equipamentos automaticamente, até mesmo sistemas de infraestrutura maiores, como gasodutos e redes elétricas e de transporte. Sensores distribuídos por esses sistemas coletam e transmitem os dados para IAs, que então os examinam em busca de anomalias (ver p. 69) e alertam técnicos humanos para investigá-las mais a fundo, se necessário. IAs também são usadas para prever onde defeitos podem ocorrer no futuro, viabilizando o apoio técnico para impedir defeitos de equipamento. Essas medidas minimizam as interrupções de equipamentos complexos que precisam de manutenção regular.

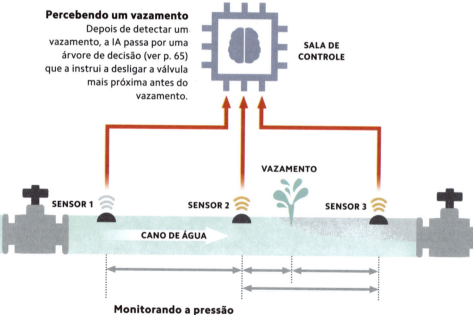

Percebendo um vazamento
Depois de detectar um vazamento, a IA passa por uma árvore de decisão (ver p. 65) que a instrui a desligar a válvula mais próxima antes do vazamento.

Monitorando a pressão
Sensores monitoram a pressão dentro de um cano de água e transmitem os dados para uma IA. Aqui, a IA detecta uma anomalia: a pressão está mais baixa do que deveria estar entre os sensores 2 e 3.

106 | IA E INFRAESTRUTURA

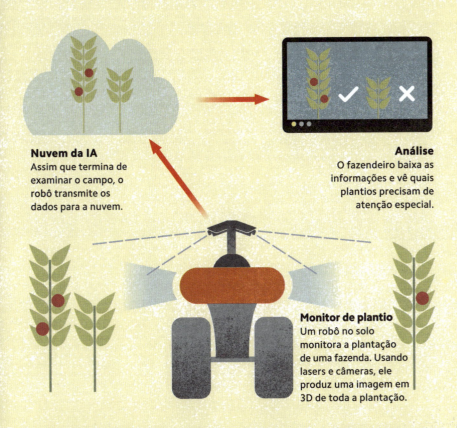

Nuvem da IA
Assim que termina de examinar o campo, o robô transmite os dados para a nuvem.

Análise
O fazendeiro baixa as informações e vê quais plantios precisam de atenção especial.

Monitor de plantio
Um robô no solo monitora a plantação de uma fazenda. Usando lasers e câmeras, ele produz uma imagem em 3D de toda a plantação.

AGRICULTURA "INTELIGENTE"

A IA é uma tecnologia-chave para a agricultura de precisão: uma abordagem de plantio que otimiza o uso de água e outros recursos, de modo a aumentar a produção e minimizar o desperdício. Usando dispositivos como drones e robôs para coletar os dados que serão analisados pelas IAs, os fazendeiros recebem informações em tempo real que permitem que saibam quais áreas precisam de água, pesticida ou fertilizante. Esses métodos precisos de agricultura podem se tornar indispensáveis nas décadas futuras, quando há a previsão de que a população global aumente em dois bilhões de pessoas.

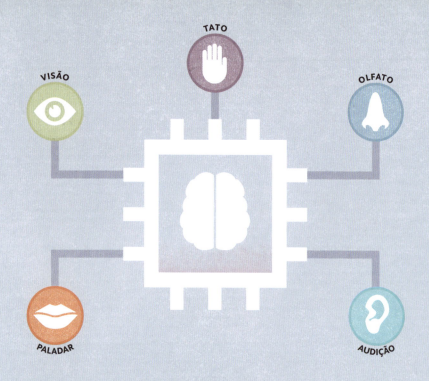

IA SENSORIAL

Um aspecto-chave da inteligência humana é a capacidade de perceber o mundo pela visão, pela audição, pelo tato, pelo olfato e pelo paladar. A percepção de máquina é a capacidade de os computadores sentirem os arredores por meio de hardware dedicado (como câmeras e microfones), interpretarem os dados coletados e reagirem de forma apropriada. Isso permite que os computadores recebam informações de fontes que não sejam um teclado e um mouse, o que é mais um passo para alinhar IA com inteligência humana. A percepção de máquina, que é vital para a IA incorporada (ver p. 118), inclui visão computacional (ver p. 110), audição de máquina, tato de máquina, olfato de máquina e paladar de máquina.

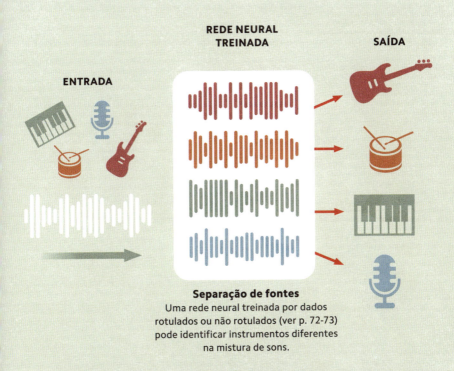

Separação de fontes
Uma rede neural treinada por dados rotulados ou não rotulados (ver p. 72-73) pode identificar instrumentos diferentes na mistura de sons.

PROCESSAMENTO DE SONS

A audição de máquina é a capacidade de um computador de sentir e processar dados de áudio, como música ou fala humana. O campo interdisciplinar emprega abordagens clássicas (ver p. 35) e estatísticas (ver p. 57) à IA. Os engenheiros que desenvolvem tecnologias de audição de máquina tentam replicar habilidades do cérebro que costumam ser consideradas banais, como se focar em um som específico em meio a ruído de fundo. O reconhecimento de fala é um subcampo complexo dentro da audição de máquina. O objetivo é compreender o significado na língua falada, muitas vezes usando aprendizagem profunda (ver p. 86) para treinar modelos.

SIMULAÇÃO DE VISÃO

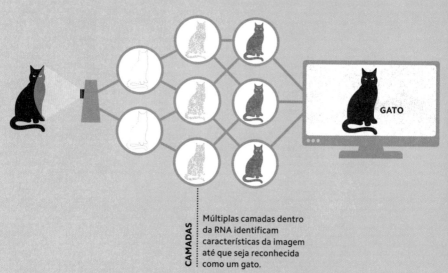

CAMADAS: Múltiplas camadas dentro da RNA identificam características da imagem até que seja reconhecida como um gato.

A visão computacional é a capacidade de um computador reconhecer imagens e vídeos: por exemplo, entender que um certo arranjo de pixels está associado à figura de um gato. Os engenheiros que trabalham na visão computacional pretendem automatizar as tarefas executadas por sistemas visuais biológicos, como o olho humano e partes do sistema nervoso. A ascensão da aprendizagem profunda (ver p. 86) usando redes neurais artificiais (RNAs, ver p. 76) multicamadas e a disponibilidade de grandes conjuntos de dados de treino on-line permitiram grande avanço no campo. A visão computacional é usada em muitas áreas, inclusive reconhecimento facial.

RECONHECIMENTO FACIAL

O reconhecimento facial é uma forma de tecnologia de visão computacional que faz correspondência de fotografias ou vídeos de rostos humanos aos armazenados em um banco de dados. A imagem de um rosto é capturada e suas características distintas, como a distância entre os olhos, são mapeadas para criar uma "impressão facial" única que é então comparada com impressões faciais conhecidas. O reconhecimento facial é usado principalmente em aplicações de segurança, como em processos de autenticação em celulares, e em procedimentos policiais, como na identificação de alguém a partir de um banco de dados de criminosos conhecidos.

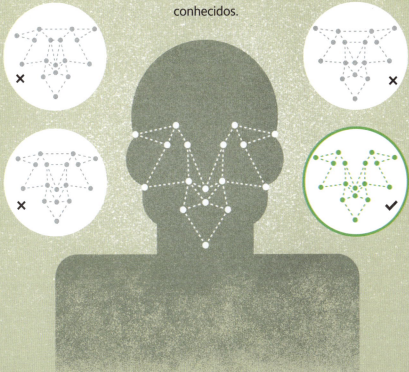

MAPEAMENTO DE CARACTERÍSTICAS

COMPREENSÃO DE PALAVRAS

A capacidade dos computadores de "entender" e gerar linguagem natural, ou seja, linguagem da forma que é tipicamente falada e escrita por humanos, é um elemento-chave para simular a inteligência humana. Essa ideia está no cerne do teste de Turing (ver p. 130-131). O processamento de linguagem natural (NLP, na sigla em inglês) o campo de pesquisa dedicado a desenvolver essa habilidade, reúne a IA, a linguística e outras disciplinas. Nos anos 1950, os pesquisadores tentaram emular a "inteligência linguística" alimentando os computadores com coleções de regras de linguagem inseridas manualmente. Mais recentemente, a explosão no poder dos computadores e dos grandes conjuntos de dados (ver p. 33) permitiu que o aprendizado de máquina, particularmente a aprendizagem profunda, fosse integrado ao NLP com resultados impressionantes. Dentre as muitas aplicações, o NLP é usado em tradução automática (ver p. 114) e assistência virtual (ver p. 116).

Elementos do NLP
O NLP tem cinco elementos, desde organizar as letras em palavras até interpretar o significado pretendido das frases.

Análise léxica
A análise léxica envolve estruturar um exemplo de linguagem natural em palavras, frases e parágrafos.

Análise sintática
A aplicação das regras formais da gramática à linguagem natural é conhecida como "análise sintática".

Análise semântica
A análise semântica é o processo de determinar o significado literal das palavras em um exemplo de linguagem natural.

Integração de discurso
Os significados de frases consecutivas são considerados de maneira conjunta para dar contexto a palavras e frases.

Análise pragmática
A análise pragmática vai além do significado literal das palavras e tenta interpretar o significado pretendido.

PROCESSAMENTO DE LINGUAGEM NATURAL

INTÉRPRETES IA

A tradução automática (TA) é o uso de IA na tradução automatizada de texto ou fala de um idioma para o outro. A tradução é uma questão bem mais complexa e sutil do que simplesmente substituir cada palavra pelo equivalente em outro idioma. Consequentemente, a TA é atualmente usada mais como ferramenta do que como substituta de tradutores humanos. Há três abordagens amplas: a "TA baseada em regras" se apoia em regras linguísticas, como gramática e sintaxe; a "TA estatística" usa as relações conhecidas entre as palavras para prever frases inteiras e expressões; a "TA neural" usa redes neurais artificiais (RNAs, ver p. 76) treinadas para entender idiomas quase tão bem quanto as pessoas.

TRADUÇÃO AUTOMÁTICA EM AÇÃO

TA baseada em regras
Essa abordagem faz uma tradução rápida e básica. Texto e fala podem ser entendidos, mas é comum que precisem de edição.

TA estatística
Essa abordagem prevê palavras e frases e pode não ser totalmente precisa. O texto traduzido ainda requer edição.

TA neural
Uma RNA treinada é precisa e pode ser constantemente melhorada. Treinar uma RNA requer quantidades enormes de dados e é muito custoso.

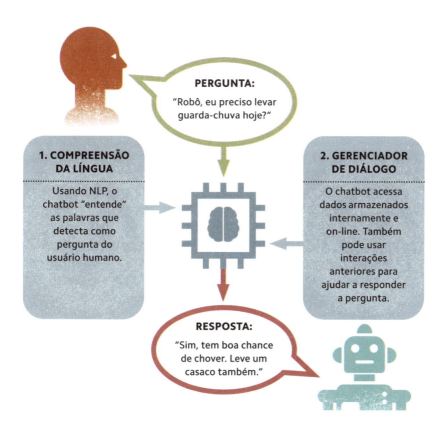

SE MINHA IA FALASSE

Os chatbots, como os empregados por assistentes virtuais (ver p. 116), são programas que executam conversas por meio de texto ou síntese de fala. O processamento de linguagem natural (NLP, ver p. 112-113) ajuda os chatbots a simularem como os humanos conversam. Baseados em IAs clássicas, IAs estatísticas ou uma combinação de ambas abordagens (ver p. 54-55), os chatbots podem variar em sofisticação. Empresas costumam usar versões mais básicas para responder perguntas simples de clientes em vez de oferecer contato imediato com um funcionário humano. Os chatbots mais elaborados, como o ELIZA, nos anos 1960, podem dar a impressão de inteligência.

CHATBOTS | 115

AJUDANTES IA

Um assistente virtual é um aplicativo ou dispositivo que usa audição de máquina (ver p. 109) e processamento de linguagem natural (NLP, ver p. 112-113) para executar tarefas seguindo comandos, como pesquisar na internet, tocar música ou configurar alarmes e alertas. Assistentes virtuais básicos são essencialmente chatbots (ver p. 115), enquanto modelos mais complexos podem interagir com outros dispositivos "inteligentes" pela Internet das Coisas (ver p. 104) para ativar sistemas como os de iluminação e calefação domésticos. Muitos assistentes virtuais rodam na nuvem e usam dados de voz para treino, o que os permite se aprimorarem em prever as necessidades e preferências de um usuário.

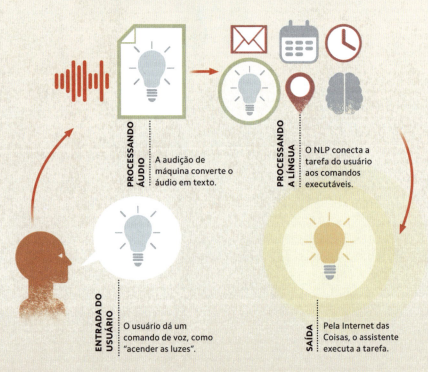

PROCESSANDO ÁUDIO — A audição de máquina converte o áudio em texto.

PROCESSANDO A LÍNGUA — O NLP conecta a tarefa do usuário aos comandos executáveis.

ENTRADA DO USUÁRIO — O usuário dá um comando de voz, como "acender as luzes".

SAÍDA — Pela Internet das Coisas, o assistente executa a tarefa.

ASSISTENTES VIRTUAIS

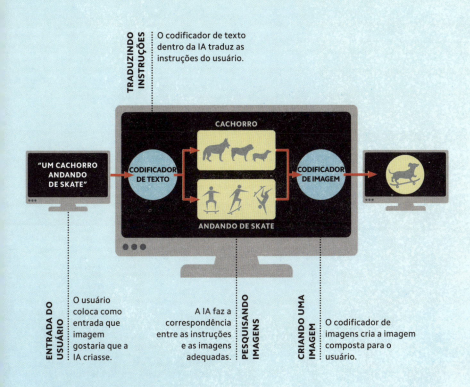

ARTISTAS IA

A IA generativa é o campo dedicado a sintetizar novos conteúdos, como imagem, áudio, texto ou vídeo, com base em uma entrada em quaisquer desses formatos. Por exemplo, um modelo de IA generativa poderia ser treinado para gerar a imagem de uma girafa de desenho animado ao receber a entrada em forma de texto "girafa de desenho animado". A geração de imagens por IA existe desde os anos 1960 e pode usar uma variedade de técnicas clássicas e estatísticas. Recentemente, porém, as redes generativas adversariais (GANs, ver p. 87) se mostraram "artistas" tão eficientes que geraram um debate se a arte pode ser considerada unicamente humana.

ROBÔS INTELIGENTES

IAs fabricadas para interagir fisicamente com o ambiente são conhecidas como "IAs incorporadas". Essas IAs, que incluem os robôs, simulam não só a inteligência cognitiva humana, como também o comportamento físico humano. Elas fazem isso com a ajuda de sensores, motores e outros hardwares, que permitem que percebam (ver p. 108), se movam (ver p. 120) e afetem (ver p. 121) ambientes tridimensionais. Construir máquinas assim é um passo importante para a IA, pois muito do que é considerado inteligência nos seres humanos envolve a capacidade de interagir com o ambiente. Alguns aspiradores robôs e cortadores de grama robóticos têm IAs incorporadas.

COMPANHEIROS IA

Um robô social é uma IA incorporada que interage socialmente com as pessoas por meio de fala, movimento, expressões faciais e outros comportamentos tipicamente humanos. Os robôs sociais são companhias limitadas, pois é difícil replicar muitas habilidades humanas básicas, como manipular objetos (ver p. 52-53) ou entender tons de voz. Embora amplamente tratados como novidade, são às vezes usados nas áreas de saúde e cuidado social para aliviar solidão, depressão e ansiedade. Apesar de poderem existir em qualquer forma e tamanho, a maioria dos robôs sociais é humanoide.

MOVIMENTO E MOBILIDADE

Muitos robôs são mantidos em posições estacionárias, como em linhas de produção, mas alguns, como os drones, podem se mover e explorar ambientes. Esses robôs móveis têm graus variados de autonomia: alguns são controlados remotamente por pessoas enquanto outros podem navegar sem intervenção humana. Um robô totalmente autônomo tem uma IA capaz de processar dados coletados por sensores, como câmeras óticas e LIDAR (ver p. 122), para planejar o caminho à frente.

APRENDIZAGEM

Um loop de feedback melhora a precisão da IA.

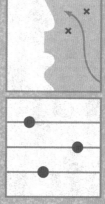

DETECÇÃO
Sensores, como câmeras, captam informações do ambiente.

FUSÃO
Uma IA organiza as informações em um modelo do ambiente.

PERCEPÇÃO
A IA identifica sua própria localização e seu destino com a entrada sensorial.

PLANEJAMENTO
Depois de estudar o modelo, a IA traça o melhor caminho até o destino.

CONTROLE
A IA guia o robô para contornar objetos e chegar ao destino.

120 | INTERAÇÕES FÍSICAS |

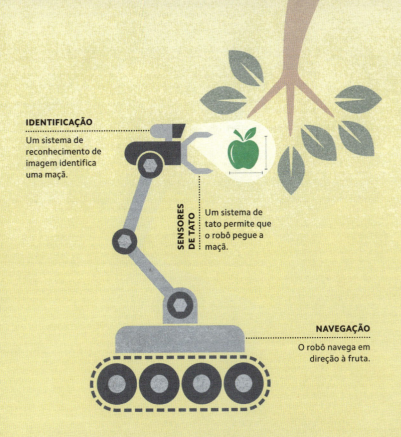

IDENTIFICAÇÃO
Um sistema de reconhecimento de imagem identifica uma maçã.

SENSORES DE TATO
Um sistema de tato permite que o robô pegue a maçã.

NAVEGAÇÃO
O robô navega em direção à fruta.

DESTREZA MANUAL

Um dos maiores desafios na robótica é construir máquinas que consigam interagir fisicamente com o ambiente. Para executar até a mais simples ação humana, como colher uma maçã, um robô precisa ter um excelente senso de visão, assim como um senso de tato, que permite que ele aplique a quantidade certa de pressão para manipular os objetos corretamente. Muitos robôs assim são usados hoje em ambientes controlados, como fábricas, mas podem logo ficar sofisticados a ponto de ajudar com tarefas domésticas.

INTERAÇÕES FÍSICAS II

CARROS SEM MOTORISTA

Os veículos autônomos são exemplos de robôs móveis (ver p. 120). Eles usam sistemas que incorporam sensores, IA e atuadores (ver p. 27) para ajudar ou substituir completamente o operador humano de um veículo, seja em terra, no mar ou no ar. Carros "autônomos" ou "sem motorista" são uma categoria de veículos autônomos em desenvolvimento, e carros incorporando tecnologia semiautônoma já estão disponíveis. A chegada deles nas estradas vem gerando perguntas complexas, legais e éticas, como quem seria responsável por acidentes causados por carros controlados por IA (ver p. 152).

RADAR
O radar detecta outros veículos e revela a velocidade, a distância e a direção de movimento deles.

LIDAR
Uma varredura a laser produz um mapa 3D dos arredores do veículo.

CÂMERA
Uma câmera lê placas e identifica cores de semáforos.

GPS
Um GPS monitora a localização do carro e traça a melhor rota.

Sentido da estrada
Um computador central analisa dados dos múltiplos sensores e permite que o carro "entenda" o ambiente de trânsito.

VEÍCULOS AUTÔNOMOS

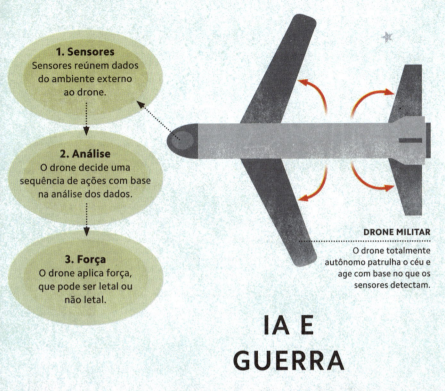

1. Sensores
Sensores reúnem dados do ambiente externo ao drone.

2. Análise
O drone decide uma sequência de ações com base na análise dos dados.

3. Força
O drone aplica força, que pode ser letal ou não letal.

DRONE MILITAR
O drone totalmente autônomo patrulha o céu e age com base no que os sensores detectam.

IA E GUERRA

Demandas militares motivam boa parte da inovação em IA. Isso levou à criação de sistemas autônomos sofisticados que podem executar tarefas militares com pouca ou nenhuma intervenção humana. Alguns, incluindo drones de reconhecimento, não são letais. Outros são armas autônomas, mortais por si só, capazes de identificar, mirar e disparar em alvos. Um debate recorrente diz respeito à proibição do desenvolvimento de armas letais totalmente autônomas, isso é, que permitem respostas rápidas ao remover a necessidade de uma autorização final humana para atacar.

FILOSO
INTELI
ARTIFI

FILOSOFIA DA INTELIGÊNCIA ARTIFICIAL

IAs são projetadas para simular comportamento humano: para calcular como nós ou, no caso dos androides, interagir com o ambiente com agilidade humana. Entretanto, conforme as IAs se tornam cada vez mais sofisticadas, a pergunta que surge é se devemos traçar um limite entre o humano e o artificial. Elaborando a questão de outra forma: em que ponto devemos dizer que uma IA é de fato uma pessoa? Se tem todas as qualidades de um humano, deveria ganhar direitos? A filosofia da IA trata dessa questão central. Examina os conceitos de livre-arbítrio e consciência, e pergunta qual é a diferença entre uma inteligência que evoluiu biologicamente e uma que foi construída por seres humanos.

IA SIMILAR A HUMANOS

Para muitos cientistas, construir uma AGI (inteligência artificial geral) é a grande meta da pesquisa de IA, embora talvez nunca seja alcançada. Uma AGI seria tão inteligente quanto uma pessoa, e poderia até ter outras faculdades humanas, como emoções ou consciência. Outro nome para AGI é "IA forte", contrastante com "IA fraca", que se refere a todas as que são construídas para executar tarefas específicas. Diferentemente de uma IA fraca, uma AGI teria uma espécie de intuição: a capacidade de saber que algo é verdade sem recorrer ao raciocínio consciente.

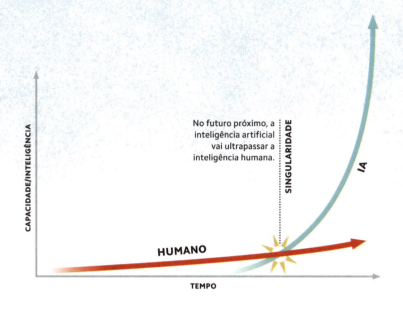

O PONTO DE NÃO RETORNO

Em cosmologia, uma "singularidade" é um ponto no espaço no qual as leis familiares da física falham, criando um fenômeno conhecido como "buraco negro". Em IA, a singularidade é o nome dado ao ponto no tempo em que uma máquina vai se tornar tão inteligente quanto as pessoas que a construíram, o bastante para poder cuidar do próprio aprimoramento. Uma máquina assim seria capaz de operar nas altíssimas velocidades de um supercomputador e alcançar rapidamente habilidades incríveis, inclusive a de criar IAs. A singularidade poderá transformar o mundo de formas que simplesmente não temos como prever.

ONDE FICA A CONSCIÊNCIA?

Há séculos os filósofos debatem a questão de como a mente e o cérebro interagem – ou, mais amplamente, como uma coisa como a consciência pode existir em um ambiente físico. O debate se intensificou no século XVII, quando os cientistas propuseram que o universo seria como uma máquina, um mecanismo cujos trabalhos são a princípio previsíveis. Entretanto, o filósofo alemão Gottfried Leibniz (1646–1716) argumentou que, se o mundo físico é mecânico, o cérebro humano deve estar ligado ao corpo por equivalentes biológicos de engrenagens e polias. Mas, se for esse o caso, argumentou, então não há lugar no cérebro para a consciência, que ele acreditava não poder ser explicada mecanicamente.

Máquina
De acordo com Leibniz, nenhuma estrutura física, como uma IA, poderia ser consciente, porque tudo nela pode ser explicada em termos físicos.

Humano
O argumento de Leibniz também se aplica ao cérebro humano; como o cérebro é totalmente físico, a consciência é irrelevante para seu funcionamento.

A QUESTÃO DE LEIBNIZ

> "A pergunta 'As máquinas são capazes de pensar?' [é] sem sentido demais para merecer discussão."
> Alan Turing

Hoje em dia, muitos cientistas argumentam que debater como a mente interage com o corpo é inútil e que ela é apenas o cérebro em ação – o equivalente a um software rodando no hardware do cérebro. Essa abordagem, conhecida como "funcionalismo", foi resumida pelo cientista da computação holandês Edsger Dijkstra (1930–2002), que disse: "Questionar se os computadores podem pensar é como perguntar se submarinos sabem nadar." Em outras palavras, quer afirmemos ou neguemos que uma IA seja capaz de "pensar" ou que seja "consciente", trata-se de mera convenção linguística, e não uma questão de descoberta científica. Os funcionalistas focam no que as coisas fazem e não no que são; e, eles argumentam, se queremos dizer que submarinos "nadam", então eles nadam.

OS SUBMARINOS NADAM?

FUNCIONALISMO | 129

O JOGO DA IMITAÇÃO

Alan Turing (ver p. 18-19) elaborou um teste, hoje chamado de teste de Turing, que oferece um meio de avaliar se uma máquina é ou não inteligente. O teste é baseado em um jogo de salão vitoriano, no qual tentava-se descobrir se uma pessoa escondida atrás de um biombo seria homem ou mulher, a julgar pelas respostas que dá para certas perguntas. No teste de Turing, um humano e um computador ficam escondidos e um examinador faz perguntas e oferece problemas para serem resolvidos. Se ambos responderem corretamente, o examinador não consegue dizer quais são as respostas do computador e quais são as do humano. Com isso, o computador terá passado no teste e pode ser chamado de inteligente.

HUMANO: O examinador recebe uma impressão das respostas do humano.

COMPUTADOR: As respostas do computador às mesmas perguntas também são impressas.

MÉTRICAS DE INTELIGÊNCIA

O teste de Turing é o teste mais conhecido de IA (ver p. 130-131), mas não é o único. O "teste do café" pergunta se um robô com IA colocado na casa de alguém poderia preparar uma xícara de café. O "teste da mobília" pergunta se um robô com IA conseguiria montar um móvel sem ajuda. Finalmente, o "teste do emprego" pergunta se um robô com IA de nível humano poderia substituir uma pessoa em uma ocupação específica (ver p. 146).

> "Inteligência de máquina é a última invenção que a humanidade vai precisar fazer."
> Nick Bostrom

TESTES DE INTELIGÊNCIA

MÁQUINAS E COMPREENSÃO

O filósofo americano John Searle (1932–) refutou a ideia de que máquinas conseguem pensar, argumentando que elas seguem regras sem entendê-las (ver p. 130-131). No que ele chamou de "experimento do quarto chinês", Searle imaginou uma pessoa em um quarto recebendo perguntas escritas em mandarim. Com o auxílio de um manual adequado, ela conseguiria responder às questões por escrito sem realmente entender as perguntas e as respostas. Searle argumentou que dizer que um computador é capaz de pensar é a mesma coisa que afirmar que a pessoa do exemplo entende mandarim.

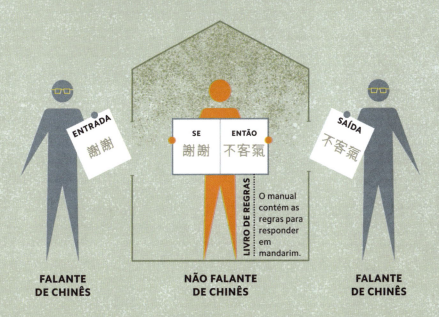

O EXPERIMENTO DO QUARTO CHINÊS | 133

ZUMBIS FILOSÓFICOS

Muitos filósofos questionam se uma IA poderia ser consciente (ver p. 128-129) ou estar viva da mesma maneira que organismos. Alguns alegam que esses desenvolvimentos são impossíveis, porque IAs são completamente mecânicas e feitas para simular o comportamento humano. Se isso for verdade, então até as IAs mais realistas (ver p. 126) seriam como zumbis: elas não teriam "vida interior" e só poderiam simular possuir emoções, interesses, preferências ou opiniões.

Zumbis filosóficos
Um p-zombie (zumbi filosófico) é uma IA que parece um ser humano, mas na verdade é um autômato inconsciente.

UM NOVO TIPO DE PESSOA

Muitos cientistas argumentam que, um dia, IAs parecerão vivas o suficiente para serem tratadas como seres humanos. Eles alegam que, assim como as pessoas têm direitos baseados no livre-arbítrio, as IAs que passarem em um "teste de livre-arbítrio" deveriam ter as mesmas proteções legais. Isso significa que, no futuro, uma IA poderia alegar propriedade intelectual e até ser penalizada por um erro. Legalmente, uma IA com essas características não seria mais uma máquina, mas uma pessoa: um novo tipo de ser humano.

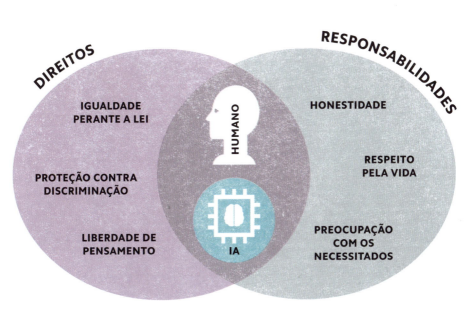

Individualidade
Se uma IA é tratada como pessoa, pode conquistar direitos e responsabilidades.

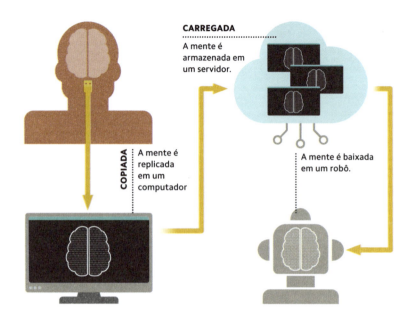

REPLICANDO A MENTE

De acordo com o princípio da múltipla realizabilidade (ver p. 20), um programa de computador pode ser rodado, ou "realizado", em diferentes dispositivos. Os computacionalistas (ver p. 12) argumentam que o pensamento humano é computável e, por isso, pode ser realizado por uma máquina tão bem quanto pelo cérebro. Se isso for verdade, então deve ser possível escrever um programa que replica a mente humana, que poderia então ser copiada e transferida como qualquer outro programa. Isso significa que a mente de uma pessoa poderia ser carregada em um servidor remoto, baixada em um robô e até duplicada inúmeras vezes.

UMA CAIXA FECHADA
Os pensamentos dos outros são fechados para nós.

Interação humano-humano
Um indivíduo sabe o que quer dizer quando fala "besouro", mas não tem como se certificar de que isso significa a mesma coisa para outra pessoa.

PENSAMENTO TRANSPARENTE

O filósofo Ludwig Wittgenstein (1889–1951) argumentou que os pensamentos de alguém são como objetos em uma caixa fechada que somente a própria pessoa consegue "ver". Jamais poderíamos saber o que outra pessoa pensa de fato ou exatamente o que algo significa para ela, pois a "caixa" está fechada para nós. Uma inteligência de máquina, no entanto, pode ser examinada de formas que a mente humana não pode. Se a máquina disser que está pensando em um besouro, o programa dela pode ser exposto ("abrir a caixa") para mostrar precisamente o que quis dizer por "besouro". Esses desenvolvimentos podem, por sua vez, lançar luz nos mecanismos da consciência e do pensamento humano.

Interação humano-IA
Uma pessoa pensando em um certo besouro poderia examinar a programação de uma IA para ver se está pensando no mesmo besouro.

ABRINDO A CAIXA | 137

VIVEND
INTELI
ARTIFI

O COM-
GÊNCIA
CIAL

Como o motor de combustão e a internet, a IA é uma tecnologia de propósitos gerais que está mudando o jeito como vivemos nossas vidas. Não há dúvida de que veio para ficar. A única pergunta é: como nos adaptamos a ela? A sociedade já luta contra o desemprego tecnológico gerado por IAs, vieses de algoritmo que pioram a desigualdade e um tipo totalmente novo de conflito: a guerra cibernética. Alguns pesquisadores até alegam que a IA é uma ameaça à nossa espécie. Entretanto, elas também tornam a vida melhor, em particular nos campos da medicina, finanças e agricultura. A busca por garantias de que só serão usadas para o bem continua a ser um assunto de debate urgente e ainda sem solução.

MITO OU REALIDADE?

O termo "IA" às vezes é usado para fazer alegações exageradas sobre potenciais ameaças ou benefícios do aprendizado de máquina (ver p. 58-59). Alguns desses mitos apelam para o medo, prevendo robôs assassinos, algoritmos descontrolados e outros riscos (ver p. 154). Outros, aumentam os poderes do aprendizado de máquina, alegando que a IA tem "agência" – capacidade de pensar por si própria – e que é objetiva, eficiente e poderosa. Na realidade, as aplicações de IA têm, no máximo, habilidades limitadas e específicas, e não pensam por si próprias. Elas só fazem o que são programadas para fazer.

A IA vai se aprimorar com o tempo, mas só oferecerá risco à humanidade se os humanos permitirem. As únicas verdadeiras ameaças são os vieses, as intenções e as limitações dos programadores, assim como os dados usados para treiná-la (ver p. 142-145).

"O verdadeiro risco da IA não é a malícia, mas a competência."
Stephen Hawking

Bastidores
IAs podem ser vistas como ameaças ou salvadoras da humanidade, mas não são autônomas. São controladas por pessoas.

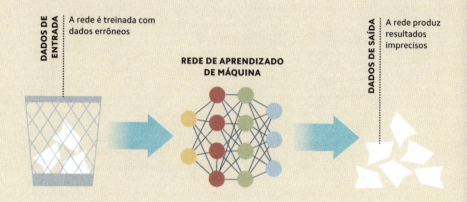

LIXO ENTRA, LIXO SAI

As redes de aprendizado de máquina (ver p. 58-59) são tão boas quanto os dados com os quais são treinadas. A causa mais comum de resultados imprecisos de um sistema de IA é a má qualidade dos dados de treino, que podem ser dados de entrada incompletos, mal rotulados, cheios de erros ou enviesados. Por exemplo, sistemas de IA preditiva (ver p. 70-71) treinados com dados históricos inconsistentes e incorretos vão produzir previsões inúteis. No campo da ciência computacional, a ideia de que entradas ruins produzem saídas ruins é resumida informalmente como "lixo entra, lixo sai" ou "GIGO", na sigla em inglês (*garbage in, garbage out*).

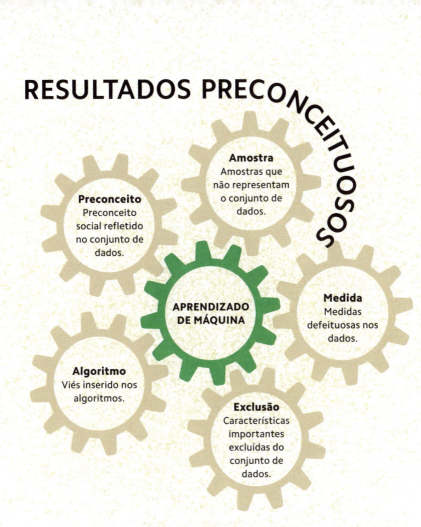

O termo "viés na IA" é usado para descrever sistemas que produzem resultados injustos para grupos específicos. Os vieses na IA refletem preconceitos sociais a respeito de gênero, etnia, cultura, idade, entre outros. Costumam derivar dos programadores, sendo transmitidos por meio de seus algoritmos e de suas interpretações de resultados, além dos conjuntos de dados usados para treinar IAs. Para combater isso, os programadores testam os modelos para garantir que o viés social não se reflita nos resultados e usam conjuntos de dados que sejam representativos.

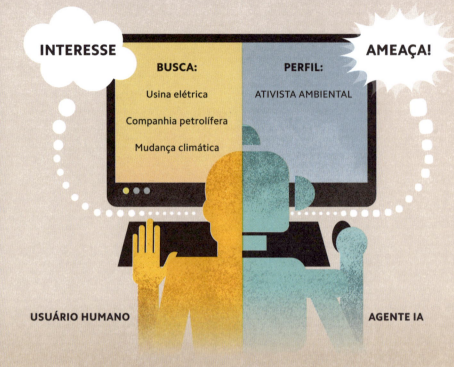

DIGA-ME O QUE BUSCAS E TE DIREI QUEM ÉS

Usar dados pessoais para tentar prever desejos, opiniões e atividades de um indivíduo é conhecido como "criação de perfil". Em IA, as ferramentas de aprendizado de máquina podem ser treinadas com grandes conjuntos de dados para se tornarem especialistas em prever, por exemplo, o tipo de conteúdo de internet que um usuário poderia gostar de ver com base no seu histórico de visualizações. No entanto, a criação de perfis tem potencial de ser problemática, pois pode levar a previsões falsas e até danosas por conta de vieses inseridos em grupos de dados e algoritmos (ver p. 143). Para evitar tais vieses, é essencial que os processos de tomada de decisão da IA sejam transparentes.

PROCESSAMENTO TRANSPARENTE

Modelos de aprendizado de máquina processam dados e fazem previsões usando redes neurais artificiais (RNAs, ver p. 76) altamente complexas. O funcionamento interno desses modelos costuma ser chamado de "caixa preta", pois é complicado e abstrato demais para os humanos "observarem". Isso significa que os resultados não podem ser compreendidos e verificados em caso de erros ou vieses. Uma abordagem alternativa, conhecida como "aprendizado de máquina interpretável" ou "IA de caixa branca", joga uma luz na caixa preta. As IAs de caixa branca são elaboradas para fornecer não só o resultado, mas um detalhamento dos processos que as fizeram chegar nele.

CAIXA PRETA
Como os processos da IA não podem ser acessados, é mais difícil questionar os resultados gerados.

CAIXA BRANCA
Como é aberta à inspeção humana, os processos podem ser verificados e aprimorados.

UMA FORÇA DE TRABALHO DE IA

A substituição de seres humanos por máquinas na força de trabalho é conhecida como "desemprego tecnológico". Até agora, esse fenômeno não gerou desemprego em massa, porque as máquinas aumentam muito a produtividade, o que por sua vez estimula a economia e cria novas oportunidades de emprego. Entretanto, se as IAs começarem a passar no teste do emprego (ver p. 132) e alcançarem níveis de inteligência de AGIs (ver p. 126), um dia podem restar poucos trabalhos para os seres humanos. Sob tais circunstâncias, o desafio para os governos será como sustentar a massa de pessoas desempregadas, o que pode incluir oferecer renda universal: um pagamento regular para cada membro da sociedade.

EQUILÍBRIO DA IA

Equilíbrio de poder
A abordagem democrática à IA pretende garantir que a tecnologia beneficie a todos, e não só a uma elite rica e poderosa.

OS RICOS ? **AS MASSAS**

A IA tem o potencial de aumentar a produtividade e gerar renda e oportunidades. Compartilhados por todos, esses benefícios poderiam criar um mundo mais igualitário, mas, se concentrados nas mãos dos abastados e poderosos, o abismo entre ricos e pobres vai aumentar. Vieses em design e nos dados, e a maneira como e onde as IAs usadas podem exacerbar divisões sociais, aumentar desigualdades e levar a aplicações perigosas e discriminatórias. Algumas medidas para mitigar esses riscos são o design inclusivo e a inclusão de valores como justiça e responsabilidade nas IAs.

DEIXADAS DE FORA
Opiniões de diferentes tons são excluídas.

UMA CÂMARA DE ECO

Os algoritmos de IA são cada vez mais usados para fazer curadoria do conteúdo que vemos on-line, por exemplo, nas redes sociais. Uma consequência não intencional disso foi a criação de "filtros de bolhas", pelos quais as pessoas só veem conteúdos que combinam ou amplificam suas próprias opiniões, enquanto visões alternativas são deixadas de fora. Isso ocorre devido aos "algoritmos de recomendação" (ver p. 95), que mostram repetidamente aos usuários materiais parecidos com o que viram no passado, o que encoraja o pensamento enviesado.

COM PERMISSÃO DE ENTRAR
Opiniões compatíveis são as únicas que passam.

Algumas pessoas temem que, no futuro, a IA tente assumir o controle das próprias ações.

SEM CONTROLE

OS LIMITES DO CONTROLE

As IAs rebeldes, perigosas da ficção científica distópica são imaginárias, mas na raiz disso há uma questão séria: o problema do controle. Para uma IA maximizar sua utilidade, ela precisará ser autônoma até certo ponto – ou seja, ser capaz de tomar decisões de modo independente. Entretanto, quanto mais autônoma e poderosa uma IA se tornar, mais difícil será controlá-la. Uma IA totalmente autônoma pode ignorar ou contradizer as instruções dos controladores e até tomar iniciativas para manter sua independência. Quando uma IA estiver além da influência e da restrição humana, seu comportamento será imprevisível.

AUTONOMIA DA IA | 149

CERTO × ERRADO

Conforme IAs ficam mais inteligentes, a questão de garantir que se comportem eticamente torna-se progressivamente importante. As ferramentas de aprendizado de máquina não têm agência nem valores, então não é possível confiar que ofereçam sugestões que sejam do melhor interesse da humanidade ou que não favoreçam algum grupo social. A única forma de garantir que IAs pensem eticamente é programando-as com princípios éticos, embora aí a pergunta passe a ser: ética de quem? O ideal é que uma IA respeite por igual todos os humanos e seja capaz de detectar e compensar vieses.

	DESIGN NÃO ÉTICO	DESIGN ÉTICO
Caixa preta — O processo que uma IA utiliza para chegar a uma decisão não é transparente e as pessoas não conseguem saber qual foi.		**Caixa branca** — O processo de tomada de decisão da IA é transparente e pode ser visto e julgado.
Violações de privacidade — As pessoas não têm controle sobre seus dados, não sabem quem pode vê-los nem como estão sendo usados.		**Proteções de privacidade** — Os dados pessoais são privados; o indivíduo controla quem pode vê-los e como são usados.
Viés de algoritmo — O viés é inserido na IA, e aqueles que a controlam têm mais poder.		**Justiça no algoritmo** — O viés é removido da IA a cada estágio, da coleta de dados à aplicação final.

150 | DESIGN ÉTICO

AS TRÊS LEIS DE ASIMOV

1 Um robô não pode ferir um ser humano nem permitir, por inação, que um ser humano seja ferido.

2 Um robô deve obedecer às ordens que lhe são dadas por seres humanos, exceto em situações em que elas entrem em conflito com a primeira lei.

3 Um robô deve proteger sua própria existência, desde que essa proteção não entre em conflito nem com a primeira nem com a segunda lei.

ÉTICA INTEGRADA

Um jeito de garantir que as IAs se comportem de forma ética é programá-las com regras ou leis éticas específicas: um processo conhecido como "carregamento de valor terminal". Um exemplo clássico está nos livros de ficção científica de Isaac Asimov (1920–1992), que formulou o que chamou de "três leis da robótica". Entretanto, como suas histórias exploram, o carregamento de valor terminal está longe de ser à prova de erros, pois até as leis mais simples podem gerar contradições. Por exemplo, uma IA pode ser instruída a não ferir um ser humano, mas fazer isso pode ser o único jeito de salvar a vida de outra pessoa.

QUEM É CULPADO?

Alguns pesquisadores argumentam que, um dia, as IAs não só vão ser tão inteligentes quanto pessoas, como também terão personalidades similares às humanas e, por isso, deveriam receber direitos humanos (ver p. 135). Se isso acontecer, os legisladores precisarão decidir em que ponto a responsabilidade pelas atitudes de uma IA penderá para seu criador ou para a própria máquina. Se uma IA for culpabilizada por infringir a lei – em outras palavras, se for determinado que agiu por vontade própria –, ela teria que sofrer sanções ou punições apropriadas. Como um ser humano, também poderia precisar cumprir pena e passar por ressocialização.

O QUE DEVERÍAMOS PERMITIR?

PROIBIDO
IAs que poderiam causar danos livremente se deixadas sem regulamentação.

RISCO INACEITÁVEL

Altamente reguladas
IAs envolvidas com segurança, lei, trabalho e educação.

RISCO ALTO

Parcialmente reguladas
IAs que podem interagir com humanos, entender emoções e reconhecer rostos.

RISCO MÍNIMO

Não reguladas
IAs do dia a dia, como jogos de computador dotados de IA e filtros de spam.

RISCO BAIXO

Preocupações com os perigos que as IAs podem oferecer no futuro alimentaram as exigências de que a pesquisa sobre IA seja regulamentada. Entretanto, muitos cientistas argumentam que regular as pesquisas vai sufocar inovações e dará a países não regulados uma vantagem perigosa. Legisladores europeus propuseram um acordo para graduar a regulação de acordo com o risco. Aplicações de IA de baixo risco ficariam com pouca ou nenhuma regulamentação; aplicações de alto risco seriam controladas e as aplicações mais arriscadas seriam proibidas.

IA E REGULAMENTAÇÃO | 153

RISCOS EXISTENCIAIS

Uma das ameaças possíveis que IAs oferecem é conhecida como "problema do alinhamento", no qual os objetivos e valores de uma IA não se alinham com os da humanidade. Nomeada em homenagem a uma cena de *Fantasia*, uma animação da Disney, na qual o aprendiz de um feiticeiro faz uma vassoura se multiplicar de forma descontrolada, a "Síndrome do Aprendiz de Feiticeiro" ilustra muito bem o problema como um experimento mental. Uma IA recebe a tarefa de otimizar a produção de clipes de papel, mas acredita que seu trabalho só estará feito quando ela tiver convertido todo o planeta em clipes de papel. Ela faz isso porque não percebe que precisa priorizar a vida humana sobre a produção desses objetos.

RECOMPENSAS ILIMITADAS

Muitos pesquisadores acreditam que a IA dará início a uma era de ouro para a humanidade: uma época em que as máquinas vão gerar abundância ilimitada e prosperidade. Eles argumentam que, com IAs mais poderosas fazendo todo o trabalho que os humanos faziam, as pessoas vão finalmente ficar livres para dedicar seu tempo ao lazer e a alcançar seus sonhos pessoais. Eles alegam que não vai haver escassez de recursos e que, por isso, não haverá crime, guerra nem injustiça – e que as IAs ajudarão a solucionar os problemas restantes do mundo, desde doenças ao aquecimento global.

UMA UTOPIA DE IA

ÍNDICE REMISSIVO

Números de página em **negrito** se referem a verbetes principais.

A

abordagem de baixo para cima 30
abordagem de cima para baixo 30
abrindo a caixa **137**
ações 99
ações, planejamento 44-45
agência 140
agentes inteligentes 27
agricultura **107**
agricultura, precisão 92, 93, **107**, 139
agrupamento 60, 64, **68**
algoritmos 12, **14**, 18, 19, 23, 28, 76, 84, 94, 95
   aprendizado de máquina 54, 58, 59,
   classificação 66
   computação **15**
   descontrolados 140
   e conteúdo visto online 148
   método do gradiente 81, 82
   negociação algorítmica **99**
   pathfinding 42
   peso 68
   privacidade 150
   regressão 67
   viés na IA 139, 143, 144, 148, 150
ambiente
   interagindo com 118, 121, 125
   movendo-se no **120**
   reagindo ao 27
análise léxica 113
análise pragmática 113
análise semântica 113
análise sintática 113
androides 10, 125
aplicações militares **123**
aprendizado de máquina 27, 30, 33, 57, **58-59**, 64, 65, 67, 105

alegações sobre ameaças/benefícios 140-141
aprendizado por agrupamento 75
aprendizado por reforço 74
aprendizagem não supervisionada 73
aprendizagem supervisionada 72
   com dados brutos 73
   com dados rotulados 72
   dados de treino 61
   descida do gradiente 81
   e processamento de linguagem natural 112
   função de custo **80**
   GANs **87**
   IA de caixa branca **145**
   lixo entra, lixo sai **142**
   malware controlado por IA 97
aprendizado de máquina interpretável **145**
aprendizado por combinação 75
aprendizado por reforço **74**
aprendizado supervisionado 62, 66, 67, **72**
aprendizagem
   por combinação **75**
   mecânica **28**
   não supervisionada **73**
   profunda **86**
   reforço **74**
   supervisionada **72**
aprendizagem não supervisionada 68, 73
aprendizagem profunda 58, 59, **86**, 102, 105, 109, 112
apresentando conhecimento **39**
argumentos válidos 37
armas **123**
armas autônomas 93, **123**
arquitetura de von Neumann **24-25**
arrumadas **54**

arte 91, **117**
árvores de classificação 65
árvores de decisão 65
As três leis de Asimov **151**
Asimov, Isaac 151
assinaturas de malware 96
assistentes digitais 103
assistentes virtuais 85, 92, 93, 112, 115, **116**
ataques de negação de serviço (DoS) 97
ataques hacker 97
atuadores 27, 122
audição de máquina 93, 108, **109**, 116
autômatos 9, **10**
autonomia, IA **149**

B

Babbage, Charles 16, **17**
bagunça **52-53**
bancos 98
base de conhecimento 50, 51
Bayes, Thomas 46
big data 33
bom senso 55
brinquedos animados 10

C

cadeias de Markov **48**
calculadoras 17, 28
cálculos, componentes de 15
camadas **77**, 88-89
camadas de classificação 89
camadas de entrada 77
camadas de pooling 89
camadas de saída 77
camadas ocultas 77, 86
câmeras 27, 104, 107, 108, 120, 122
campanhas de desinformação 97

156 | ÍNDICE REMISSIVO

características **62-63**, 65, 68
carregamento de valor terminal 151
carros sem motorista **122**
cartões perfurados 16, 17, 22
cérebro
  ações inconscientes 52
  como computador 12
  e consciência 128
  e mente 128, 129
  imitando **29**, 57
  modelo conexionista 29
  neurônios **20**, 21
  processando som 109
Champerowne, David 23
chatbots 92, **115**, 116
chips, computadores 31
ciberataques 33, 69
cibersegurança 92, 96
classificação 64, **66**, 72, 73
classificação 92, **94**
código binário **13**, 16, 18, 19, 32
comportamento
  imitando humanos 115, 118, 119, 125
  prevendo 144
comportamento humano 68, 115, 118, 119, 125
compreensão 26
  máquinas e 133
computação 12, **15**, 19
  neurônios e **20**
computação evolucionária **28**
computacionalismo **12**, 31, 136
computadores
  história dos 9
  humanos 17
conclusões 37, 39, 40
conexionismo **29**
conhecimento
conhecimento declarativo 38
conhecimento estrutural 38
conhecimento processual 38
conjuntos de dados não rotulados 73, 87
consciência 12, 26, 125, 126, 128, 134, 137
conteúdo sob medida **95**
controle, limites do **149**
conversa 35, 59, 85, 115
corpo e mente 129

córtex visual 88
criação de perfil por IA **144**
criação de perfil, IA **144**
cuidados de saúde 92, 93, **102-103**, 139
custos 42

D

dados 24, 25
  bagunçados 52-53
  big data **33**
  padrões em 30
  tipos de **32**
  ver também dados de treino
dados criptografados 18
dados de teste 61, 82
dados de treino 59, **61**, 62, 66, 72, 76, 82, 110
  qualidade de 142, 143
dados de validação 61
dados falsos 87
dados pessoais 144, 150
dados qualitativos 32
dados quantitativos 32
dados sequenciais 85
declarações
  lógicas 37, 46
  regras 40-41, 46
declarações SE-ENTÃO 40-41
declarações verdadeiras/falsas 40, 46
desarrumadas 54, **55**
descida do gradiente **81**, 82
desemprego 139, 146
desemprego tecnológico **146**
desigualdade **147**
destreza manual **121**
detecção de anomalias 60, **69**, 96, 98, 106
diagnóstico médico 92, **102**
Dijkstra, Edsger 129
direitos 125, **135**
direitos humanos 135, 152
discriminação 147
discriminadores 87
dispositivos conectados **104**
dispositivos de monitoramento em tempo real 105
dispositivos de saída 25

Distância de Manhattan 43
distopia, IA **154**
Distopia/Utopia em IA **154-155**
divisões sociais 147
doenças, identificação 102
drones 107, 120, 123

E

emoções 126, 134
engenheiros de conhecimento 50
ENIAC (Electronic Numerical Integrator and Computer) **22**, 24
entrada 12, 14, 21, 72, 73
especialistas humanos 50
estado prévio 48
ética
  design ético de IA **150**
  perguntas de 122, 123, 139
  três leis de Asimov **151**
eventos de acaso 49
exoplanetas 92, **101**
experimento do quarto chinês **133**

F

fábricas 121
fala humana 109, 112, 115
falantes, chatbots 115
feedback, positivo e negativo 74
filtros de bolhas **148**
finanças 92, 93, 98-99, 139
força de trabalho, IA e **146**
fraudes, detecção/prevenção 93, **98**
frequência 46
função de ativação 21
função de custo **80**, 81, 82
funcionalismo **129**
funções 72

G

geradores 87
grupos de dados 33, 57, 60, 65, 68-69, 72, 75, 144

ÍNDICE REMISSIVO | 157

grupos de dados rotulados 66, 72
guerra 93, **123**
guerra cibernética 93, **97**, 139

H

heurística 38, **43**
hierarquias de dados 94

I

IA clássica **30**, 35, 52, 53, 57,
    109, 115
IA de caixa branca **145**, 150
IA de caixa preta 145, 150
IA democrática 147
IA estatística **30**, 35, 57, 109, 115
IA forte **26**, 126
IA fraca **26**, 126
IA generativa 92, 93, **117**
IA incorporada 92, 108, **118**, 199
IA integrada 92, **105**
IA lógica *ver* IA clássica
IA simbólica *ver* IA clássica
igualdade, IA e **147**
imagens 36, 88-89, 110, 111, 117
incertezas 46
individualidade 135
integração de discurso 113
inteligência
    humano x máquina 125, **134**
    múltiplas 11
    teste de Turing 130-131
inteligência artificial
    definição 7, 58
    filosofia da 9, 125
    história 7, 9
    usos da **92-93**
    vivendo com 139
inteligência artificial geral (AGI)
    126, 146, 155
inteligência artística 11
inteligência emocional 11
inteligência espacial 11
inteligência física 11
inteligência humana 7, 11, 26,
    54, 55, 112
    capacidade da IA superar
    127

imitando 115, 118
percepção e sentidos 108
x máquina **134**
inteligência linguística 11, 122
inteligência numérica 11
inteligência reflexiva 11
inteligência sensorial 11, **108**
inteligências múltiplas **11**
interação humano-humano **137**
interação humano-IA **137**
interações físicas **120-121**
interface de usuário 50, 51, 116
Internet das Coisas (IdC) 91, 92,
    104, 105, 106, 116
intuição 126
investimentos 99

J

jogos 35
justiça 147, 150

L

Lei de Moore **31**
lei, violando a 152
Leibniz, Gottfried 128
letras 36
LIDAR 120, 122
limites de decisão 66
língua
    processamento de
    linguagem natural
    112-113
    tradução automática **114**
linguagem natural 39
livre-arbítrio 125, 135, 152
lixo entra, lixo sai **142**
lógica
    computacional **37**, 46
    humana 30, 35

M

malware 86, 97
manipulação 93, **121**

mapeamento de proteínas 92,
    100
Máquina Analítica 16, **17**
Máquina Diferencial 17
Máquina Universal de Turing
    18-19
McCulloch, Walter 20, 21
mente
    e cérebro 128, 129
    e corpo 129
    IAs como modelo para a
    humana **137**
mente humana
    IA como modelo para **137**
    replicando **136**
metaconhecimento 38
métodos efetivos 14
microprocessadores 31
mineração de dados **60**, 65, 73
miniaturização 31
Minsky, Marvin 55
mitos, IA **140-141**
modelando 30
modelos deterministas 49
modelos estocásticos **49**
monitoramento automatizado
    92, **106**
monitoramento de
    infraestrutura **106**
monitoramento de pacientes **103**
monitoramento de transações
    98
Moore, Gordon 31
Moravec, Hans 52
motor de inferência 50, 51
motores 118
movimento/mobilidade 93, **120**
múltipla realizabilidade 20, **136**
música 103

N

negociação de alta frequência
    (HFT) 93, **99**
neurônios **20**, 77, 83
    artificiais 21
    ver também nós
nós 76, 79
    ver também neurônios
nuvem 105, 107, 116

O

objetos, identificando **88-89**
olfato de máquina 108
ondas gravitacionais 101
opção SENÃO 40, 41
opiniões compatíveis 148

P

paladar de máquina 108
palavras-chave 94, 95
pathfinding **42**
pensamento
   computadores 129
   humano 9, 136, 137
percepção de máquina 92, **108**
perfil de clientes 70-71
personalidade 152
peso 21, 42, 72, **78**, 84
pesquisa 92
   astronômica 101
   dois campos da IA **54-55**
   médica **100**
   regulamentação de 153
pesquisa astronômica 92, **101**
pesquisa científica 100
pesquisa médica 92, **100**
Pitts, Walter 20, 21
pixels 88, 110
planejamento **44-45**, 120
plantios 107
portas lógicas 21
preconceitos sociais 143
premissas 37
previsões 33, 48, 54, 55, 59, 72, 85, 86, 87, 95, 142
   aprendizado por agrupamento 75
   criação de perfil por IA **144**
   modelos estocásticos **49**
   saídas prováveis 70-71
probabilidade **46-47**, 48, 49
problema do alinhamento 154
processamento de dados 25, 86
processamento de linguagem natural (NLP) 35, 85, 86, 92, 99, **112-113**, 115, 116

processamento paralelo distribuído (PDP) 29
produtividade 146, 147
programação, qualidade da 140, **142**, 143
programas **16**
propriedade intelectual 135
prosperidade 155
punições 74
p-zombies (zumbis filosóficos) 134

Q

qualidade de dados 142
questão de Leibniz **128**
questões legais 122

R

radar 91, 122
ransomware 97
recomendações 92, **95**
reconhecimento de fala 109
reconhecimento de padrões **64**
reconhecimento facial 59, 93, 110, **111**
redes generativas adversariais (GANs) **87**, 117
redes neurais artificiais (RNAs) 7, 29, 57, 58, 59, 68, 69, 76, 80, 82, 83, 84, 85, 86, 87, 101, 110, 145
   camadas **77**
redes neurais convolucionais (CNNs) 88-89
redes neurais feedforward (RNFs) **83**
redes neurais profundas (RNPs) 77, 86, 88
redes neurais recorrentes (RNRs) 77, 83, **85**
redes neurais ver redes neurais artificiais; redes neurais convolucionais; redes neurais profundas; redes neurais feedforward; redes neurais recorrentes
redes sociais 148

regra delta **82**, 83
regras **40-41**
regras de produção 39
regras matemáticas 54
regressão 64, **67**, 72
regulamentação, IA e **153**
relações causais 67
representação em frame 39
representação lógica 39
representação semântica 39
representações distribuídas 29
reprocessando 84
responsabilidade 122, **135**, 152
responsabilidade 147
responsabilidade, IA e 152
restrição humana 149
retropropagação 82, 84
risco existencial **154**
riscos 7, 139, **140-141**, 146
   e regulamentação 153
   e responsabilidade 152
   problema de controle 149
risco existencial 7, **154**
robôs 27, 35, 44, 92, 107, 115, 118, 132, 136, 140
   manipulação 121
   móveis 120, 122
   sociais 119
   três leis de Asimov 151
robôs autônomos 120
robôs humanoides 119, 132
robôs sociais 93, **119**
rótulos 36, 62, **62-63**, 66, 89

S

saída 12, 14, 21, 70, 72, 73, 80
saídas prováveis **70-71**
Schank, Roger 54, 55
Searle, John 133
sensores 27, 103, 105, 106, 118, 120, 121, 122, 123
silogismo 37
símbolos
   computação 12, 15, 19
   em IA 36
Síndrome do Aprendiz de Feiticeiro 154
singularidades 127
singularidades tecnológicas **127**

ÍNDICE REMISSIVO | 159

sistemas especialistas 35, **50-51**
Sócrates 11
software 27
software de detecção de ameaças 96
solução de problemas, IA e 155
soluções aproximadas 43
sonar 91
subconjuntos 65

T

TA baseada em regras 114
TA estatística 114
TA neural 114
tarefas baseadas em percepções 52, 108, 120
tarefas de raciocínio 52
tarefas sensório-motoras 52
tarefas, planejamento 44-45
tato de máquina 108, 121
tecnologia GPS 91
tecnologia inteligente 104-105, 116
telefones celulares 33, 93, 105
telemedicina 103
tempo de lazer 155
tentativa e erro 74
teorema de Bayes
termos de busca 94, 95
teste da mobília 132
teste de Turing 11, 112, **130-131**, 132
teste do café 132
testes de emprego 132, 146
testes de inteligência **132**

tomada de decisão autônoma 149
transparência em 144, **145**, 150
trabalho doméstico 121
tradução automática (TA) 92, 112, **114**
transistores 31
transparência na tomada de decisões 144, **145**, 150
troca de dados 104, 105
Turing, Alan 11, **18-19**, 20, 23, 129, 130, 131
Turochamp 23

U

unidade de processamento central (CPU) 24, 25
unidade lógica e aritmética (ALU) 24, 25
unidades de memória 24, 25
unidades lógicas de limiar **21**
universo mecânico 128
utopia, IA **155**

V

variáveis 67, 68
  aleatórias 49
veículos autônomos 74, 91, 93, **122**
vídeos 110, 111
viés 68, **79**, 84, 139, 144, 145, 147, 148, 150
  oculto **143**

viés na IA **143**, 144, 145, 147, 148, 150
viés oculto **143**
viés social 143
violações de privacidade 150
vírus 97
visão
  computador 88-89, 91, 93, 102, 108, 110, 111, 121
  humana 110
visão de computador 88-89, 91, 93, 102, 108, **110**, 111, 121
visões alternativas 148
von Neumann, John 24

W

websites
  classificação 94
  recomendações 95
Wittgenstein, Ludwig 137

X

xadrez 23, 26

Z

zumbis 134

AGRADECIMENTOS

A DK gostaria de agradecer às pessoas a seguir pela ajuda com este livro: Vanessa Hamilton, Mark Lloyd e Lee Riches pelas ilustrações; Alexandra Beedon pela preparação; Helen Peters pelo índice; Priyanka Sharma pela coordenação de capa.

Todas as imagens © Dorling Kindersley
Para mais informações, visite: www.dkimages.com